Rosa-Luxemburg-Stiftung

Texte 36

Rosa-Luxemburg-Stiftung

GEORG FÜLBERTH
MICHAEL R. KRÄTKE

Neun Fragen zum Kapitalismus

Karl Dietz Verlag Berlin

Georg Fülberth, Michael R. Krätke
Neun Fragen zum Kapitalismus
(Reihe: Texte/Rosa-Luxemburg-Stiftung; Bd. 36
Berlin: Karl Dietz Verlag 2007

ISBN 978-3-320-02102-3

Satz: Marion Schütrumpf
Umschlag: Heike Schmelter unter Verwendung eines Fotos von Michael Brie: Am Haupteingang der Deutschen Botschaft in Beijing, Oktober 2006
Druck und Verarbeitung: Mediaservice GmbH BärenDruck und Werbung
Printed in Germany

Inhalt

Vorbemerkung

Im Rahmen der Rosa-Luxemburg-Konferenz der Rosa-Luxemburg-Stiftung beantworteten am 4. März 2006 Michael Krätke und Georg Fülberth »Neun Fragen zum Kapitalismus«. Moderiert wurde die Veranstaltung von Dorothea Schmidt, erfunden und organisiert hat sie Rainer Rilling. Die Texte »Kapitalismus – das Wort und seine Geschichte« sowie »Geschichte des Kapitalismus – das Problem« incl. der Zeittafel trug Michael Krätke bei. Literaturhinweise kamen von Michael Krätke, Georg Fülberth, Markus Euskirchen und Rainer Rilling. Die Zitate von Rosa Luxemburg wurden gemeinsam ausgewählt.

Georg Fülberth war Hochschullehrer für Politikwissenschaft an der Universität Marburg, Mitarbeiter am MEGA-Projekt, dem Historisch-Kritischen Wörterbuch des Marxismus, Publizist (u.a. für »konkret«), seit langer Zeit Lokalpolitiker für die Deutsche Kommunistische Partei und Autor zuletzt von »G Strich – Kleine Geschichte des Kapitalismus«, 316 S., PapyRossaVerlag Köln 2005.

Michael R. Krätke ist Hochschullehrer für Politische Ökonomie an der Universität von Amsterdam, Mitarbeiter am MEGA-Projekt, dem Historisch-Kritischen Wörterbuch des Marxismus, Autor zahlreicher Beiträge zur marxistischen politischen Ökonomie, der Geschichte und aktuellen Verfassung der Weltökonomie, der öffentlichen Haushalte, Geld- wie Finanzmärkte sowie des Wohlfahrtsstaates. Berater für verschiedene internationale Orgnaisationen (ILO, FAO, WHO).

Rainer Rilling ist apl. Prof. für Soziologie an der Universität Marburg und wiss. Referent im Bereich Politikanalyse der RLS, arbeitet gegenwärtig auf dem Gebiet der Kapitalismustheorie und internationalen Beziehungen, zuletzt Stichwort »Empire« in: attac (Hg.) Lexikon der Globalisierung, Hamburg 2005 sowie zusammen mit Christoph Spehr: »Guten Morgen, Gespenst! Annäherungen an das jähe Erscheinen eines Parteiprojekts«, Standpunkte 8/2005. Web: www.rainer-rilling.de.

Dorothea Schmidt hält eine Professur für Wirtschafts- und Sozialgeschichte an der Fachhochschule für Wirtschaft Berlin; ihre Arbeitsschwerpunkte sind Klein- und Mittelbetriebe in Geschichte und Gegenwart, Gender und Technik bzw. Gender und UnternehmerInnenschaft.

Neun Fragen zum Kapitalismus

»Die Schafe, einst so sanft und genügsam, sind wild und raubgierig geworden, dass sie sogar Menschen fressen, Felder, Gehöfte und Dörfer verwüsten und entvölkern...« (Thomas Morus, Utopia)

1. Was ist eigentlich Kapitalismus?

2. Wann hat der Kapitalismus eigentlich angefangen – und wo?

3. Der Profit und seine Vermehrung: woher und – wieviel?

4. Rosa Luxemburg: Was war ihre Idee vom Kapitalismus?
Und was bleibt?

5. Geopolitik und Geoökonomie:
Ist »Raum« das neue Schlüsselwort für den neuen Kapitalismus?

6. Gibt es einen »neuen« Imperialismus?

7. Was ist der »neoliberale« Kapitalismus?

8 Wer wird Milliardär? Und wer Maulwurf?

9. Und das Ende dieser Geschichte:
Wann endlich kommt der große Kladderadatsch und ist der Kapitalismus zu Ende?

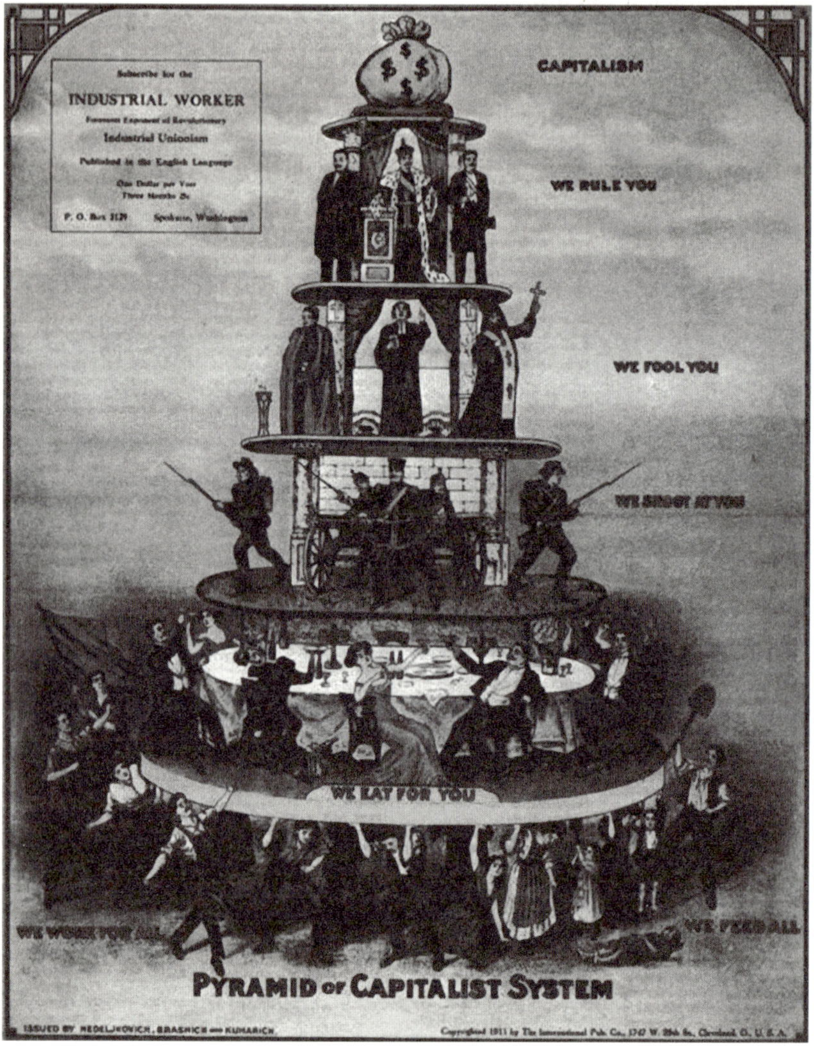
Subscribe for the
INDUSTRIAL WORKER
Industrial Unionism
Published in the English Language
CAPITALISM
WE RULE YOU
WE FOOL YOU
WE SHOOT AT YOU
WE EAT FOR YOU
WE WORK FOR ALL
WE FEED ALL
PYRAMID OF CAPITALIST SYSTEM
ISSUED BY NEDELJKOVICH, BRASHICH AND KUHARICH

GEORG FÜLBERTH

Neun Fragen zum Kapitalismus

1. Was ist eigentlich Kapitalismus?

Marx hat diese Frage am kürzesten beantwortet: Kapitalismus = G – W – W' – G'. Kaufen Sie für Geld (= G) eine Ware (= W), veräußern Sie letztere wieder und erhalten Sie dafür mehr Geld als vorher (= G'), dann hat sich das ursprünglich eingesetzte Geld als Kapital erwiesen. Allerdings gehört auch noch eine Veränderung der Ware selbst hinzu: sei es, dass sie zu einer anderen Ware umgeformt, sei es, dass sie von einem Ort zum anderen transportiert wird. Sie ist hinterher nicht mehr dieselbe: Aus W ist W' geworden, unsere Formel lautet jetzt: G – W – W' – G'.[1]

Über die Triebkräfte, die den Kapitalismus hervorbrachten und aufrechterhalten, sagt diese Formel wenig aus. Einen Vorschlag macht hier Robert L. Heilbroner (1919 bis 2005). Für ihn war Kapitalismus marktvermittelte Herrschaft. Ein Streben nach »Macht«, »Prestige« und »Herrschaft« sei in vorkapitalistischen Zeiten mit außerökonomischer Gewalt durchgesetzt worden, jetzt geschehe es mit Hilfe des Marktes.[2]

Für den Historiker Fernand Braudel (1902 bis 1985) haben die modernen Gesellschaften drei Ebenen.

Die *erste* bezeichnet er als »das materielle Leben«. Hierzu gehören offenbar die Produktion von Gütern und die reproduktiven Tätigkeiten.

Die zweite Ebene ist die Marktwirtschaft, die dritte der – von ihr eben zu unterscheidende – Kapitalismus. Er ist für Braudel ein System des ungleichen Tauschs und der Ausbeutung, das bereits in der Periode des Handelskapitalismus (1500 – 1800) voll ausgebildet gewesen sei und sich im Grunde bis heute nicht geändert habe. Braudel ist ein Anhänger der Marktwirtschaft, die er durch die kapitalistischen Machtverhältnisse verzerrt sieht. Im Unterschied zu Marx spricht er dem Kapitalismus sogar eine ökonomische Kohärenz ab. Dagegen hält er eine Marktwirtschaft ohne Kapitalismus für möglich und erstrebenswert, womit dieser von seinem Habitus her eher konservative Historiker implizit eine auch schon in seiner eigenen Epoche unzeitgemäße linke Position einnahm.

1 Georg Fülberth: Gewinn und Gesellschaft, in: junge Welt Nr. 72, 25./26. März 2006, S. 10 f.
2 Robert L. Heilbroner: The Nature and the Logic of Capitalism, New York/London 1986. S. 38-45.

2. Wann hat der Kapitalismus eigentlich angefangen – und wo?

Es kommt darauf an, ob man darunter nur eine Wirtschaftsweise oder ein Gesellschaftssystem versteht.

Kapitalismus als den Vorgang G – W – W' – G' hat es bereits in der Antike, im Feudalismus und sogar im DDR-Sozialismus des »Neuen Ökonomischen Systems der Planung und Leitung der Volkswirtschaft« gegeben – also in nichtkapitalistischen Systemen. Dort wurde Gewinn durch den Einsatz von Mitteln gemacht, die sich auf diese Weise vermehrten. Während des Mittelalters und in der frühen Neuzeit wurde auch in Japan, Indien, China und in der islamischen Welt so gewirtschaftet. Diese Kapitalismen waren aber immer nur Subsysteme in nichtkapitalistischen Gesellschaften.

Wenn Marx ausnahmsweise einmal das Wort »Kapitalismus« benutzt, meint er immer nur diese Wirtschaftstechnik (»Produktionsweise«), nicht ein Gesellschaftssystem. Erst Werner Sombart hat 1902 ganze Gesellschaften als »Kapitalismus« bezeichnet.

Der Unterschied lässt sich am allerersten Satz des Marxschen »Kapital« darstellen. Dort heißt es:

»Der Reichtum der Gesellschaften, in welchen kapitalistische Produktionsweise herrscht, erscheint als eine ›ungeheure Warensammlung‹, die einzelne Ware als seine Elementarform.«[3]

Was sehen wir hier? Antwort: eine Gesellschaft mit einem Inhalt. Dieser ist eine »kapitalistische Produktionsweise«, die zur Gesellschaft gehört, aber nicht notwendig mit dieser identisch ist. Als schierer Inhalt dieser Gesellschaft wäre die Produktionsweise nur ein Subsystem. Im eben gebrachten Zitat aber »herrscht« sie. In diesem Fall erst haben wird es allerdings mit »Kapitalismus« als Gesellschaftssystem zu tun. Der Ausdruck selber (Kapitalismus) aber wurde von Marx in diesem Zitat vermieden.

»Kapitalismus« kann also entweder eine Produktionsweise innerhalb einer nichtkapitalistischen Gesellschaft, also ein Subsystem, sein oder selbst zum Gesellschaftssystem werden.

Als Subsystem ist der Kapitalismus sehr alt, als ganze Gesellschaft kennen wir ihn seit ca. 1500. Das kann zu der Frage führen, ob eine künftige nichtkapitalistische Gesellschaft denkbar und vielleicht sogar wünschenswert ist, in der er wieder nur ein Subsystem darstellt.

3 Karl Marx: Das Kapital. Bd. 1, in: Karl Marx, Friedrich Engels, Werke (MEW), Bd 23, S. 49.

3. Der Profit und seine Vermehrung: woher und – wieviel?

Eine zentrale kapitalistische Tatsache ist der Gewinn. Er ist leicht zu definieren: als Überschuss des Ertrags über die Kosten.

Schwerer ist die Frage zu beantworten, wo der Gewinn denn herkommt.

Als kleine Kinder haben wir alle wohl gemeint, der Kaufmann, bei dem man Drops oder Hanuta bekommt, schlage auf seinen Einkaufspreis eben noch etwas drauf und behalte es für sich, sei also eine Art Betrüger.

Marx hat diese naive Auffassung immerhin so ernst genommen, dass er es für nötig hielt, sie im ersten Band seines »Kapitals« zu widerlegen:

In einer vollständigen Marktwirtschaft ist jeder Verkäufer auch wieder ein Käufer. Den Aufpreis, den er sich genehmigte, muss er irgendwann selbst wieder draufzahlen, wenn er bei seinen ehemaligen Käufern selbst etwas ersteht: Sie berechnen ihm ihre eigenen Kosten. In diese geht der Gewinn des Erstverkäufers ein und ist damit für den Schlaumeier, der sich einen Zuschlag genehmigte, wieder verloren.

Mit dieser Widerlegung wollte Marx zeigen, dass er eine viel leistungsfähigere Erklärung hatte: den Mehrwert. Er wird von den Lohnabhängigen in unbezahlter Arbeitszeit erwirtschaftet, nachdem sie zunächst den Lohn für ihre eigene Reproduktion erarbeitet haben. Im ersten Band des »Kapitals« ist das stimmig dargestellt. Allerdings ist der Wert der Waren hier nur nach deren Input: Arbeitszeit, ausgedrückt in Geld, dargestellt. Im dritten Band wird es schwierig: Hier muss dieser Input (Wert) in ein Verhältnis zu dem gesetzt werden, was außen auf den Waren tatsächlich draufsteht: dem Preis. Es ist Marx nicht gelungen, die Identität von beiden mathematisch einwandfrei nachzuweisen. Wird der Arbeits-Wert wackelig, ist es auch der Mehr-Wert.

Die Grenznutzenlehre bietet allerdings noch weit weniger Antworten auf die Frage nach der Entstehung des Gewinns. Dort fällt dieser nur an, wenn die Nachfrage höher ist als das Angebot. In einer Wirtschaft, die sich im Gleichgewicht befindet, kann es keinen Gewinn geben.

Hier weiß Joseph A. Schumpeter (1883 bis 1950) Rat. Wenn ein Unternehmer durch eine Innovation – ein neues Produkt, ein neues Verfahren, anderes Marketing o. ä. – das bestehende Gleichgewicht zerstört, fällt ihm der so genannte Unternehmergewinn zu. Im Gleichgewicht dagegen gibt es nur den Zins. Wo der herkommt, kann Schumpeter nicht erklären.

Einige werden noch auf die Monopole hinweisen. Diese erzielen aber nur einen Extra-Gewinn durch Marktzugangsbeschränkung. Das kann aber nicht erklären, woher der »normale«, also der nichtmonopolistische Gewinn kommt.

Robert L. Heilbroner riet in seinem oben schon erwähnten Buch »The Nature and the Logic of Capitalism« zu einem vernünftigen Eklektizismus, soll heißen: Sämtliche eben aufgeführte Gewinnquellen gibt es wirklich, der Fehler entsteht nur dann, wenn man eine von ihnen zur alleinigen erklärt.

Beginnen wir – *erstens* – mit dem »betrügerischen« Aufpreis. Marx hatte darauf hingewiesen, dass er bei universellem Tausch auf transparenten Märkten nicht möglich ist. Aber wo gibt es schon völlig transparente Märkte? Inzwischen sind Theorien über den unvollkommenen Wettbewerb entwickelt worden, die nachweisen, dass dieser die Regel ist. Auf vermachteten oder intransparenten Märkten ist der Aufpreis also möglich.

Zweitens: Wenn gegen die Marxsche Theorie vom Mehrwert eingewandt wird, der Gewinn beruhe nicht nur auf Arbeit, sondern auch auf dem Einsatz von Kapital, dann ist zu antworten, dass ohne Einsatz von Arbeit aus diesem Gewinn kein Profit herausgeschlagen werden kann und dass der Ertrag nur dann höher als der Einsatz ist, wenn die Reproduktionskosten für die Arbeitskraft geringer sind als der Preis des Produkts.

Drittens: Die Lehre vom Grenznutzen trägt immerhin dann zur Erklärung des Profits bei, wenn der Markt eben nicht im Gleichgewicht ist. Das ist statistisch der Regelfall.

Viertens: Dass neue Produkte und Verfahren zu Sondergewinnen führen (Schumpeter), ist ebenso eine Erfahrungstatsache wie

fünftens: der Monopolgewinn.

Es empfiehlt sich also eine multifaktorielle Gewinnerklärung statt einer monokausalen.

Und doch gibt es einen letzten Grund, auf dem diese fünf Gewinnarten allesamt beruhen: das Privateigentum an den Produktions- und Zirkulationsmitteln und an den Waren.

Der Begriff der Ausbeutung ist mit dem Ensemble der fünf Gewinnentstehungen vereinbar: Immer verfügen die Eigentümer über Nichteigentümer.[4]

4 Fülberth: Gewinn und Gesellschaft, a. a. O.

4. Rosa Luxemburg: Was war ihre Idee vom Kapitalismus? Und was bleibt?

Wer sich mit dem Kapitalismus befasst, wird sich irgendwann einmal die Frage stellen, was charakteristischer für ihn sei – der Gewinn oder die Akkumulation. Rosa Luxemburg hat sie eindeutig und zutreffend beantwortet: die Akkumulation.

Wenn Gewinne von den Kapitalisten vollständig konsumiert werden, hat diese Gesellschaft keine Dynamik. Wird aber ein Teil des Profits einbehalten und neu angelegt, dann dehnt die kapitalistische Produktionsweise sich ständig aus und ergreift immer neue Lebensbereiche.

Und was bleibt?

Mit der Hervorhebung der Akkumulation hat Rosa Luxemburg zunächst lediglich eine bereits von Marx erarbeitete Position wieder ins Gedächtnis gerufen und zugespitzt. Ihre eigene Leistung geht insofern darüber hinaus, als sie die Frage nach den Grenzen der Akkumulation aktualisiert, allerdings falsch beantwortet hat.

Bekanntlich kommt ihrer Meinung nach der Kapitalismus spätestens dann an sein Ende, wenn die ganze Erde kapitalistisch geworden ist. Dies verstand sie als geographische Expansion. Auf dem inneren Markt sah sie hierfür keine Chance, und das war ihre eigene Grenze. Dabei hat sie das Problem der Binnenkaufkraft durchaus aufgeworfen und hat es dann doch wieder verworfen:

»Sollten wir uns die Sache etwa so denken: Trotz der steigenden Produktivitat der Arbeit und der dadurch bedingten fortschreitenden Verbilligung der Lebensmittel bleiben die Geldlöhne (das variable Kapital als Wertgröße) unverändert, weil die Lebenshaltung der Arbeiter mit dem Fortschritt entsprechend steigt. Hier wäre also der soziale Aufstieg der Arbeiterklasse berücksichtigt. Wenn jedoch diese Steigerung der Lebenshaltung der Arbeiter eine so starke und nachhaltige ist, daß das variable Kapital (Summe der Geldlöhne) jahraus, jahrein genau in dem Verhältnis wachsen muß wie die Arbeiterbevölkerung, dann bedeutet dies nicht mehr und nicht weniger, als daß der ganze technische Fortschritt, der ganze Vorteil der Produktivität der Arbeit ausschließlich den Arbeitern zugute kommt, d. h., daß, abgesehen etwa von der Steigerung auch ihrer privaten Lebenshaltung, die Kapitalisten ihre Mehrwertrate gar nicht steigern würden.«[5]

In ihrem Denkspiel kommt Rosa Luxemburg dicht an die Möglichkeit einer Ausdehnung des inneren Marktes durch Steigerung der Reallöhne (auch wenn Profitrate und Lohnquote unverändert bleiben) heran. So erklärt sich, dass Joan Robinson und Michal Kalecki, die einen Keynesianismus vor dessen Zähmung durch die so genannte neoklassische Synthese vertraten, sich für ihre Position interessierten.

5 Rosa Luxemburg: Die Akkumulation des Kapitals oder Was die Epigonen aus der Marxschen Theorie gemacht haben. Eine Antikritik, in: dies: Gesammelte Werke, Bd. 5: Ökonomische Schriften, S. 413-523. Hier: S. 478 f.

5. Geopolitik und Geoökonomie: Ist »Raum« das neue Schlüsselwort für den neuen Kapitalismus?

Leider ja, und zwar in einem doppelten Sinn:

Erstens: Der Raum ist von Marxistinnen und Marxisten lange Zeit zugunsten einer nur historischen Betrachtungsweise vernachlässigt worden. Stoffwechsel zwischen Mensch und Natur aber vollzieht sich immer auch im Raum. Demgegenüber könnte es – Rolf Czeskleba-Dupont folgend[6] – sinnvoll sein, den Historischen Materialismus zum Geographisch-Historischen Materialismus zu erweitern.

Zweitens ist Raum insofern ein neues Schlüsselwort, als offenbar gegenwärtig ein weltweiter Kampf um Einflussgebiete und Ressourcen stattfindet. Dies ist Resultat einer blockierten Entwicklung: Vernachlässigung der Binnenmärkte und einer möglichen Energiewende.

6 Er hat diesen Ansatz an einem relevanten Beispiel dargestellt: Czescleba-Dupont, Rolf: Historisch-geographische Bedingungen und Voraussetzungen der US-Hegemonie, in: Urte Sperling, Margarete Tjaden-Steinhauer (Hrsg.): Gesellschaft von Tikal bis irgendwo. Europäische Gewaltherrschaft, gesellschaftliche Umbrüche, Ungleichheitsgesellschaften neben der Spur. Beiträge von Rolf Czeskleba-Dupont, Karl-Rainer Fabig, Lars Lambrecht, Thomas Mies, Bernd Reef, Urte Sperling, Karl-Hermann Tjaden, Margarete Tjaden-Steinhauer, Kassel 2004, S. 216-236.

5./ 6. Gibt es einen »neuen« Imperialismus und was heißt »globaler« Kapitalismus?

Ob man den Begriff »neuer Imperialismus« im Zusammenhang mit dem neuen Kampf um Einflussgebiete verwenden sollte, ist Geschmackssache. Er ist unklar, weil er entweder meint, dass der alte Imperialismus eine neue Form angenommen hat oder dass der Imperialismus selbst zwischendurch verschwunden und jetzt wieder aufgetaucht sei.

Unter »globalem Kapitalismus« sollten wir meiner Meinung nach zweierlei verstehen:

Erstens die ständige räumliche Ausdehnung des Kapitalismus, wie sie bereits von Marx und Engels 1847/48 im »Manifest der Kommunistischen Partei« beschrieben wurde.

Zweitens: seine ständige »Innere Landnahme«. Diesen Begriff benutzte Burkhart Lutz in Anlehnung an Rosa Luxemburg.[7] Gemeint ist damit die Tatsache, dass auch im Inneren bereits kapitalistischer Gesellschaften immer neue Bereiche der Mehrwertproduktion ausgesetzt (»in Wert gesetzt«, Elmar Altvater) werden.

Interessant ist der Hinweis von Michael Krätke darauf, dass beide Prozesse bislang immer wieder an Grenzen gestoßen und deshalb noch lange nicht abgeschlossen sind. Der Frage, warum das so ist, sollte nachgegangen werden. Karl Polanyi war der Ansicht, dass die »Gesellschaft« sich immer wieder erfolgreich gegen ihre Durchkapitalisierung gewehrt habe.[8] Dies kann auch in reaktionarer, Freiheit und Gleichheit negierender Weise erfolgen. Polanyi allerdings war da optimistischer: Er sprach von einer »Great Transformation«, die in der zweiten Hälfte des neunzehnten Jahrhunderts eingesetzt habe und Geld, Arbeitskraft und Natur der zerstörerischen Expansion des Kapitalismus zu entziehen beginne.

7 Burkart Lutz: Der kurze Traum immerwährender Prosperität. Eine Neuinterpretation der industriell-kapitalistischen Entwicklung im Europa des 20. Jahrhunderts, Frankfurt/Main und New York 1984.

8 Karl Polanyi: The Great Transformation. Politische und ökonomische Ursprünge von Gesellschaften und Wirtschaftssystemen, 2. Auflage Frankfurt/Main 1978.

7. Was ist der »neoliberale« Kapitalismus?

Vielleicht sitzen wir mit der Annahme, es gebe einen neoliberalen Kapitalismus, einem Irrtum auf. Neoliberalismus ist nämlich zunächst kein Gesellschaftszustand, sondern eine politische Bewegung, die sich seit Mitte der dreißiger Jahre zum Ziel gesetzt hatte, die »Great Transformation«, also die zunehmende Regulierung des Kapitalismus, zu revidieren. Er ist zugleich ein Kampfbegriff, der nicht von den Mitgliedern dieser Bewegung auf sich selbst angewandt wird (eine Ausnahme ist der FDP-Politiker Rainer Brüderle, der provozierend von sich behauptet: »Ich bin ein Neoliberaler«), sondern den ihre Gegner zu deren Markierung benutzen. In der Sache führt das nicht weiter, denn man benutzt dann eine Binnensprache, die nur noch von denjenigen, die sich irgendwie zur Linken rechnen, benutzt wird.

Will man »Neoliberalismus« zur Kennzeichnung eines Gesellschaftszustandes verwenden, sollte man im nächsten Versuch schon versuchen, diesen Begriff durch die konkrete Nennung von Tatbeständen zu ersetzen, zum Beispiel:

- Senkung der Einkommens-, Unternehmens-, Kapitalertrags- und Vermögenssteuern sowie der Staatsausgaben,
- Privatisierungen öffentlichen Eigentums,
- Deregulierung der Arbeitsbeziehungen,
- Kürzung von Sozialausgaben, zumindest teilweiser Übergang der Funktionen sozialer Sicherung von staatlich garantierten und paritätisch organisierten Trägern an private Finanzdienstleister,
- Rücknahme staatlicher Investitions- und Steuerungstätigkeit und deren Ersetzung durch das laisser faire der (internationalen Finanz-)Märkte,
- Priorität der Geldwertstabilität
- Technische Beschleunigung und Beseitigung vieler rechtlicher Restriktionen im Kapitalverkehr an den Börsen seit dem »Big Bang« an der Londoner Börse 1986.[9]

Dabei stellt sich dann heraus, dass es ebenfalls wieder nicht nur um eine Realität, sondern auch um ein Programm handelt.

9 Georg Fülberth: G Strich. Kleine Geschichte des Kapitalismus, 3. Auflage Köln 2005. S. 267.

8. Wer wird Milliardär?

Scherzhaft: Fragen Sie Ihren Anlagenberater.

Etwas ernsthafter: Man könnte die Frage umkehren und in mehrere andere Fragen auflösen, etwa so:

Wie schafft man es, den Milliardären ihre Milliarden wieder wegzunehmen oder sie zu veranlassen, diese Milliarden nützlich oder wenigstens unschädlich zu verwenden? Und: Wer ist »man«?

... und wer Maulwurf?

Scherzhaft: Fragen Sie Ihren Zoologen.

Etwas ernsthafter: Die von Hegel verwandte und von Marx und Rosa Luxemburg aufgegriffene Metapher vom Maulwurf ist tiefstes neunzehntes Jahrhundert: die Vorstellung von einem Subjekt, das sich voranwühlt. Versteht man darunter »die Revolution«, sagt man ungefähr dasselbe wie Hegel mit seinem »Geist«. Soll es eine bestimmte Klasse sein, belehrt uns die bisherige Geschichte: Die Sklaven haben die Sklavenhaltergesellschaft ebenso wenig gestürzt wie die Bauern den Feudalismus. Die Arbeiterklasse – falls sie mir erlaubt, sie hier so anzureden – hat für sich selbst und nicht für geschichtsphilosophische Projektionen zu sorgen. Falls überhaupt, dann könnte eines Tages der Kapitalismus selbst sich als Maulwurf erweisen, der sich untergräbt und dabei ein uns heute noch unbekanntes Subjekt hervorbringt.

9. Und das Ende dieser Geschichte: Wann endlich kommt der große Kladderadatsch und ist der Kapitalismus zu Ende?

Das Reden vom großen Kladderadatsch beruht auf Männerfantasien. Rosa Luxemburg allerdings war nicht frei davon, im Gegenteil. Sie war eine Zusammenbruchstheoretikerin: Wenn der Kapitalismus sich in der ganzen Welt durchgesetzt habe, sei notwendig auch sein Ende da. Allerdings sei dies nur der spätestmögliche Zeitpunkt, der eine bereits vorher stattfindende Revolution, in der das Proletariat seinen Leidensweg abkürze, legitimiere. Damit bekannte sich Luxemburg zu einer von zwei Theorien über das Ende des Kapitalismus. Diese sind: die Zusammenbruchstheorie und die Transformationstheorie.

Erstere kann sich kaum auf Marx berufen. Das allgemeine Gesetz der kapitalistischen Akkumulation (erster Band des »Kapitals«) und der tendenzielle Fall der Profitrate (dritter Band): Für beide nennt er mögliche Gegenwirkungen und lässt die Frage nach ihrer Stärke offen.

Viel schlüssiger hat er dagegen seinen Transformationsansatz dargestellt:

„Eine Gesellschaftsordnung geht nie unter, bevor alle Produktivkräfte entwickelt sind, für die sie weit genug ist, und neue höhere Produktionsverhältnisse treten nie an die Stelle, bevor die materiellen Existenzbedingungen derselben im Schoß der alten Gesellschaft selbst ausgebrütet worden sind. Daher stellt sich die Menschheit immer nur Aufgaben, die sie lösen kann, denn genauer betrachtet wird sich stets finden, daß die Aufgabe selbst nur entspringt, wo die materiellen Bedingungen ihrer Lösung schon vorhanden oder wenigstens im Prozeß ihres Werdens begriffen sind.“[10]

Marx erinnert hier implizit an eine frühere Revolution: die englische von 1688. In Großbritannien gab es damals schon einen voll ausgebildeten Agrar-, Handels- und Kolonialkapitalismus, allerdings unter einer feudalen und halbabsolutistischen Hülle, die nur noch abgeworfen werden musste. Die neue Gesellschaft war in der alten schon da. In seiner eigenen Gegenwart des 19. Jahrhunderts meinte er ähnliche Tendenzen wahrzunehmen: In der Zehnstundenbill von 1847 regulierte der Staat die Arbeitszeit. Obwohl im Unterhaus kein einziger Arbeiter saß, sah Marx hier den Sieg der Politischen Ökonomie der Arbeiterklasse über die Politische Ökonomie der Bourgeoisie. Eine noch größere Bedeutung maß er der Genossenschaftsbewegung zu. So bilde sich die neue Gesellschaft schon in der alten heraus.

Viereinhalb Jahrzehnte später griff Rudolf Hilferding diesen Gedanken wieder auf: die Oligopolisierung in Banken und Industrie, das durch die wechselseitige

10 Karl Marx: Zur Kritik der Politischen Ökonomie, in: MEW, Bd. 13, S. 3-160. Hier: 9.

Durchdringung beider entstehende Finanzkapital: Sie seien eine Form innerkapitalistischer Vergesellschaftung und als solche eine Voraussetzung des Sozialismus. Lenin hat sich in seiner Imperialismusschrift auf diese Überlegungen gestützt.

Wiederum war, wie schon bei Marx, die Perspektive zu kurz gewählt. Auch stellte sich heraus, dass Prozesse innerkapitalistischer Vergesellschaftung reversibel sein können.

Damit wird der Marxsche Transformationsansatzes zur Falls-dann-Bestimmung.

Statt über den Heuschreckenkapitalismus zu klagen, sollten wir uns besser Gedanken über den Blattlaussozialismus machen. Was ist damit gemeint?

1989 hat Jan Priewe folgende Überlegung angestellt:

»Im Feudalismus waren die Grundeigentümer die herrschende Klasse. Auch heute haben wir noch Grundeigentum. Im Kapitalismus stellt es aber nicht mehr die Basis von Herrschaft dar. Diese Funktion hat jetzt das Kapital: Die Kapitalisten sind die herrschende Klasse.

Denkbar ist vielleicht eine künftige Gesellschaft, in der es zwar noch Kapitalisten gibt, diese aber nicht mehr die herrschende Klasse darstellen. Sie dürfen noch Mehrwert erzielen und sollen dies sogar. Aber über die Art und Weise, wie sie dies tun, und über seine Verwendung haben sie nicht mehr die letzte Entscheidung.«[11]

Das ist eine etwas konkretere Vorstellung als die vom Kladderadatsch, bei dem man nicht weiß, ob etwas Besseres als der Kapitalismus nachkommt.

In zoologischer Metapher:

Bekanntlich entnehmen die Blattläuse dem Grün Stoffe, die sie in ihrem Körper verwandeln und dann ausscheiden. Die Ameisen lecken dieses süße Sekret ab.

Die Kapitalisten sind die Blattläuse. Die Ameisen sind die Gesellschaft.

Zwei Fragen bleiben offen:

Erstens: Irgendwie ist hier eine weitere Klasse (neben den Kapitalisten) vergessen. Welche?

Zweitens: Wer sind die Blätter?

11 Jan Priewe: Thesen für ein neues Sozialismusverständnis, in: Streitschrift zur Erneuerung der Politik (Redaktion: Michael Ritmeier), Hamburg 1989, S. 5-9.

MICHAEL R. KRÄTKE

Neun vorläufige Antworten auf neun schwierige Fragen

1. Was ist eigentlich Kapitalismus?

Der Begriff des Kapitalismus ist alles andere als einfach, er wird nicht leichter verständlich, wenn man ihn auf eine Kurzformel bringt. Kapitalismus ist nicht Marktwirtschaft schlechthin, auch nicht schlicht mit Geld- oder Kreditwirtschaft gleichzusetzen. Kapitalismus ist kein anderes Wort für Gewinnstreben, Profithunger oder Profitlogik schlechthin. Mit Kapitalismus ist mehr gemeint als die Herrschaft der »Reichen« oder des »großen Geldes«. Alles das gehört natürlich auch zum Kapitalismus, aber um den einigermaßen komplexen Sachverhalt zu erfassen, der mit dem Begriff des Kapitalismus gemeint ist, braucht es schon mehr. Mit Kapitalismus ist eine bestimmte, historische Wirtschaftsform gemeint, die es nicht zu allen Zeiten und überall gibt – der Kapitalismus hat einen Anfang und ein Ende in der Zeit, er hat eine räumliche Ausdehnung, viele Orte, und er macht eine Entwicklung durch, hat eine Geschichte. Bürgerliche Gesellschaft und Kapitalismus hängen notwendig zusammen, sind aber unterscheidbar. Ohne Elemente einer bürgerlichen Gesellschaft kommt es nicht zur Entwicklung des Kapitalismus als Wirtschaftsform; eine Gesellschaft wird erst ganz und gar bürgerlich, wenn ihre Wirtschaftsweise ganz und gar kapitalistisch ist, wenn Verkehrsformen, Handlungsweisen, Denkmuster des Kapitalismus sie durchdringen und ihr Leben beherrschen.

Um den Kapitalismus zu verstehen, benötigen wir ein paar Begriffe und Theorien. Zum Beispiel den recht schwierigen Begriff des Werts, den Begriff der Wertform(en) und der Wertverhältnisse, von denen die offizielle herrschende Lehre der Ökonomie nichts wissen will. Ohne eine stimmige Werttheorie, ohne eine Theorie des Wertschöpfungsprozesses können wir keinen Begriff des Kapitals bilden – ein Begriff, der wohl zum »Kapitalismus« gehört[1]. Den gibt es aber in der heutigen Ökonomie nicht (außer als pure Tautologie) ebenso wenig wie einen Begriff des Werts (obwohl die offiziell aufgegebene Grenznutzentheorie noch immer fröhlich in den Lehrbüchern herumgeistert). Daher gibt es in der orthodoxen Lehrbuchökonomie der Neoklassik auch keinen Kapitalismus, sondern nur die »Wirtschaft« schlechthin und die angeblich universellen Gesetze »rationalen« wirtschaftlichen Handelns.[2] Die heutige Ökonomie lehnt den Begriff des Kapitalismus denn auch in der Regel ab – als polemischen oder politisch aufgeladenen Kampf-

1 Marx' Hauptwerk, man wird sich erinnern, trägt den Titel »Das Kapital«, nicht »Der Kapitalismus«. Dabei muss sich der Autor etwas gedacht haben.

2 Vgl. dazu Michael R. Krätke: Neoklassik als Weltreligion, in: Loccumer Initiative. Die Illusion der neuen Freiheit, Hannover 1999.

begriff, mit dem die »beste aller möglichen Welten« auf unzulässige Weise kritisiert werden soll. Wer also das Wort »Kapitalismus« heute in den Mund nimmt, gibt sich schon als jemand zu erkennen, der den bestehenden Verhältnissen skeptisch bis kritisch gegenübersteht. Davor braucht man sich nicht zu fürchten.

Kapitalismus ist die erste historische Wirtschaftsform, in der so gut wie alle Elemente des gesellschaftlichen Reichtums, einschließlich der nicht (re)produzierbaren Naturreichtümer die Warenform erhalten, als Waren behandelt werden. Im Kapitalismus wird zum ersten Mal der Marktverkehr zur allumfassenden Form des ökonomischen Verkehrs, zum ersten Mal werden nahezu sämtliche ökonomischen Beziehungen in Austauschverhältnisse zwischen privaten Eigentümern (Waren- und Geldbesitzern) und Marktakteuren verwandelt, zum ersten Mal nehmen alle ökonomischen oder ökonomisch relevanten Verhältnisse die Form von Geldverhältnissen an. Ware und Geld, Austausch und Privateigentum werden zu allgemeinen, universell gültigen Formen des ökonomischen Alltagslebens erhoben, daher wird eine bestimmte historische Form der ökonomischen Gleichheit (zwischen Privateigentümern und Marktteilnehmern) und der persönlichen Freiheit (Marktfreiheit) etabliert – für all diejenigen, die etwas zu vermarkten haben.

Erst im Kapitalismus werden eine ganze Reihe von merkwürdigen und stets umkämpften Quasi-Waren oder fiktiven Waren alltäglich und so gewöhnlich, dass ihre »extreme Künstlichkeit« darüber fast vergessen wird. Unter den fiktiven Waren, die den Kapitalismus auszeichnen, sind so wichtige wie die »Ware Geld«, die »Ware Kapital«, nicht zu vergessen die »Ware Arbeitskraft« und, last not least, die »Ware Boden« (oder die »Ware Natur« – zerlegt in vielerlei besondere Boden- bzw. Naturschätze, die sich privat aneignen und vermarkten lassen). Die werden jeweils auf speziellen Märkten gehandelt, mit jeweils eigentümlichen »Preisen« (der »Zins« ist bzw. gilt als der »Preis des Geldes«, der Lohn gilt als der »Preis der Arbeit« usw.), Märkten, die jeweils sehr unterschiedlich organisiert sind und die untereinander eine regelrechte Hierarchie bilden. Mit den künstlichsten Gebilden, den Kapital- und Geldmärkten an der Spitze, dem Arbeitsmarkt und dem Markt für Naturschätze/Boden in der Mitte und den Märkten für den gewöhnlichen Warenpöbel als Basis. Die Finanzmärkte dominieren die Gesamtbewegung der Märkte, von ihnen gehen die großen Krisen aus.

Kapitalismus ist die historische Form, in der zum ersten Mal die Bewegungen des Kapitals das gesamte wirtschaftliche Leben der Gesellschaft – und mehr als das – beherrschen; die historische Wirtschaftsform, die ganz und gar der eigentümlichen Logik und Rationalität des Kapitals gehorcht. Das Kapital – kein Ding, sondern ein Ensemble gesellschaftlicher Produktions- und Austauschverhältnisse – erscheint den daran beteiligten und in diesen Verhältnissen handelnden Menschen als ein Ding, eine blinde Macht, der sie unterworfen sind und gehorchen müssen. Kapitalismus ist also ein System der »Kapitalsherrschaft« – der Herrschaft der Bewegungsformen, »Bewegungsgesetze«, der eigentümlichen Logik oder »Rationalität« des Kapitals, der dessen Eigentümer und »Herren«, die

Kapitalisten, ebenso unterworfen sind wie diejenigen, die das Pech haben, kein Kapital zu besitzen.

Die Bewegung des Kapitals ist vor allem eines: maßlos, ziellos, ohne Ende. In der Formel G – W – G' hat Marx diese endlose und maßlose Bewegung der Geldvermehrung, der Vergrößerung des abstrakten Reichtums um seiner selbst willen, auf einen sinnfälligen Ausdruck gebracht.[3] Aber es handelt sich nicht nur einfach darum, aus Geld mehr Geld zu machen – oder schlicht »Geld zu machen«. Es handelt sich darum, Geld in Kapital zu verwandeln und aus Kapital mehr, immer mehr Kapital zu machen – also um den Prozess, den Marx als »Akkumulation des Kapitals« (zugleich erweiterte Reproduktion der bürgerlichen Gesellschaft und der kapitalistischen Produktion) bestimmt hat. Schrankenloses Wachstum, unaufhörliche Akkumulation, Anhäufung von Privatvermögen und Verwandlung von Gewinnen in Kapital, ständige Vergrößerung des Kapitals, ständige Neuverteilung, Umstrukturierung des Kapitals, unaufhörliche Neubildung von Kapital, pausenlose Konzentration des Kapitals zu immer größeren Einheiten – das ist die Logik, der die Bewegung des Kapitals folgt. Kapitalismus ist daher eine unerhört dynamische Wirtschaftsform, in der alle bestehenden ökonomischen Verhältnisse – die zwischen Kapitalisten und Nicht-Kapitalisten ebenso wie die der Kapitalisten untereinander – ständig zur Disposition gestellt und umgewälzt werden können – das revolutionärste Produktions- und Austauschsystem, das die Geschichte bisher kennt. Der Akkumulationsprozess des Kapitals, einmal in Gang gesetzt, verläuft als ob es keine Grenzen gäbe. Wann und wo immer das Kapital auf Grenzen stößt, ganz gleich, ob dies natürliche, geographische, historisch oder politisch gesetzte Grenzen sind, versucht es sie mit allen Mitteln zu überwinden.

Kapitalismus ist ein ökonomisches System, das seinen Protagonisten in der Tat Freiheiten gibt, sie aber auch ständig dem »stummen Zwang der ökonomischen Verhältnisse« und dem lautstarken Druck des allgegenwärtigen Konkurrenzkampfs unterwirft. Kapitalismus ist auch ein Herrschaftssystem – und zwar eines, das persönliche Freiheit vieler kombiniert mit einer unpersönlichen Abhängigkeit von anonymen, gesellschaftlichen Mächten (wie der »Konkurrenz«, dem »Markt« bzw. dem »Arbeitsmarkt«) für die große Mehrzahl. Die persönliche Freiheit des Lohnarbeiters reicht nicht weit: Sie endet dort, wo die Autorität des Lohn- und Brotherrn und die Herrschaftsordnung des Betriebes/Unternehmens beginnen und sobald sich die Zwänge des Arbeitsmarkts bemerkbar machen. Auch mit der Freiheit des Konsumbürgers ist es nicht so weit her – sie reicht so weit wie die individuelle Kaufkraft des Lohnempfängers. Kapitalismus ist – mit einem altmodischen Terminus – auch ein System der Klassenherrschaft, das Spielraum für Konkurrenzkämpfe und individuelle soziale Aufstiege bietet – innerhalb der Grenzen der bestehenden Struktur der sozialen und ökonomischen Ungleichheiten.

3 Tatsächlich hat Marx im *Kapital* eine Vielzahl von besonderen Kreislaufformeln der Kapitalbewegung aufgestellt und analysiert. G – W – G' ist nur eine der abstraktesten und oberflächlichsten, bei denen die Analyse anfängt, aber beileibe nicht aufhört.

Nur im modernen Kapitalismus werden Ökonomie und Politik systematisch und formell geschieden. Diese doppelte Fiktion – einer »unpolitischen Ökonomie« und einer »Politik ohne Ökonomie« – gehört zu den Basisinstitutionen des Kapitalismus. Sie bestimmt die Logik des politischen Handelns und Denkens ebenso wie die Logik, nach der die ökonomischen Akteure handeln und denken. Um diese Doppellogik – wie sie sich etwa in der liberalen Grundvorstellung der »Macht ohne Eigentum« und der »Machtlosigkeit des Eigentums« seit jeher wiederfindet[4] – zu durchbrechen, bedarf es einer politischen Ökonomie – und ihrer ständigen, systematischen Kritik. Einer Kritik, die seit Marx' Tagen zeigt, dass und warum die Trennung von Politik in Ökonomie, ihre Verselbständigung in besondere »Sphären« des gesellschaftlichen Lebens, eine notwendige Fiktion ist.[5] Eine Fiktion, die alle Beteiligten bindet und die bürgerliche Gesellschaft trotz der zentrifugalen, alle sozialen Bindungen auflösenden Tendenzen des Kapitalismus, zusammenhält.

Schließlich – im Blick auf die Gegenwart: Kapitalismus ist zur Alltagsreligion geworden. Sie hat ihre Hohepriester, ihre Gläubigen, ihre Mönchsorden, ihre Rituale – und auch ein paar Ketzer.[6] Kapitalismus war und ist bis heute auch eine Denkweise, ein System von gängigen Denkformen – eine Ideologie; heute die herrschende Ideologie in vielen Ländern der Erde. Eine Ideologie, die eine Moral, sogar eine Ethik (Arbeitsethos, Tauschethos, Kreditethos etc) tragen bzw. anleiten kann. Kapitalismus ist für viele Menschen heute ein Ideal, eine, sogar die einzig erstrebenswerte Lebensweise – den »american dream« von Reichtum und Erfolg durch harte Arbeit und Geschick im Konkurrenzkampf träumen viele, die meinen, ihres Glückes Schmied zu sein.

4 Bekannt und allseits beliebt ist die begriffslose Dichotomie »Markt« versus »Staat«, von und mit der die Sozialwissenschaften seit jeher leben. Vgl. zur Kritik: Michael R. Krätke, Geoffrey Underhill: Political Economy: the Revival of an ›Interdiscipline‹, in: Richard Stubbs, Geoffrey Underhill (eds): Political Economy and the Changing Global Order, Oxford – New York, 2005.

5 Vgl. Michael R. Krätke: Wie politisch ist Marx' Politische Ökonomie? In: Z. Zeitschrift Marxistische Erneuerung, Nr. 33, März 1998 und Nr. 34, Juni 1998.

6 In einem kurzen Fragment aus dem Jahre 1921 hat Walter Benjamin den »Kapitalismus als Religion« betrachtet, ihn sogar als eine »reine Kultreligion« charakterisiert. Das geht weit über die Marx'-Webersche These vom strukturellen Zusammenhang zwischen Protestantismus und Kapitalismus hinaus. Man darf Walter Benjamin widersprechen: Inzwischen hat der Kapitalismus seine eigene religiöse Dogmatik und Theologie hervorgebracht. Vgl. Walter Benjamin: Kapitalismus als Religion, in: ders.: Gesammelte Schriften, Bd. VI, Frankfurt a. M. 1990; Michael R. Krätke: Neoklassik als Weltreligion. a. a. O.

2. Wann hat der Kapitalismus eigentlich angefangen – und wo?

Kapitalismus als historisches Wirtschaftssystem ist älter als der industrielle Kapitalismus, seine Geschichte beginnt im 16. Jahrhundert, mit der Entwicklung eines neuen System des Welthandels, das von den rivalisierenden europäischen Seemächten Spanien, Portugal, Holland und England in Afrika, Asien bzw. in den Amerikas errichtet wurde. Davor bilden nur einzelne Handelsstädte, Marktplätze und zugleich Manufakturzentren, kapitalistische Inseln im Meer einer agrarischen, noch weitgehend feudalen Ökonomie. Schon in dieser Frühzeit des von Städten und Städtebünden (wie der Hanse) getragenen Handelskapitalismus gingen Handel, Seeraub, Seekrieg und koloniale Eroberung Hand in Hand.[7] Am Anfang der Entwicklung des modernen, europäischen Kapitalismus stehen die großen und rivalisierenden Handels- und Kolonialimperien, die jeweils von einem der rivalisierenden, europäischen Territorialstaaten getragen werden. Dieser frühe Handels- und Kolonialimperialismus hat bereits Folgen für die Produktionsweise – der Übergang zu Monokulturen, zur (Massen)Produktion in großem Stil und ausschließlich für den Markt, d.h. den Export, findet in diesem historischen Kontext statt.

Mit dem Kapitalismus beginnt eine neue Ära der Weltökonomie und der Weltpolitik. Zum ersten Mal werden die großen Wirtschaftsregionen der Welt und die großen politischen Mächte (außerhalb Europas alles Imperien wie das chinesische, das persische, das ottomanische, das Inkareich etc.) direkt miteinander in Verbindung gebracht. Nur wenige können sich dem entziehen bzw. sich gegenüber den aufstrebenden, europäischen Welthandelsmächten erfolgreich abschließen (berühmtes Beispiel ist Japan, das erst 1853/54 mit Gewalt gezwungen wurde, seine Grenzen für die den Weltmarkt beherrschenden Amerikaner und Europäer zu öffnen). Um 1860 waren die weitaus meisten Länder und Regionen der Erde zum ersten Mal in einen Weltmarktzusammenhang eingebunden, die ersten transnationalen und -kontinentalen Kommunikations- und Verkehrsnetze entstanden.

Der Aufstieg des Kapitalismus hängt direkt mit der Entstehung und Entwicklung der modernen Staaten zusammen.[8] Die Territorialstaaten überflügeln als organisierte Machtapparate – als Organisationen, die stehende Heere und Flotten samt den dazu gehörenden Beamtenheeren schaffen und dauerhaft unterhalten können – die Handelsimperien der Seestädte (wie Venedig oder Genua oder später die Hansestädte in Nordwesteuropa). Die europäischen Großmächte sind bzw. werden allesamt Kolonial- und Handelsmächte, die in Europa und in Übersee gegeneinander Krieg führen. Weil die rivalisierenden politischen Mächte ständig Geld und immer mehr Geld brauchen, sind sie an Kapitalisten, an Kaufleuten, Unternehmern und Bankiers, an privatem Reichtum als Steuer- und Finanzquelle,

7 »Krieg, Handel, Piraterie – dreieinig sind sie, nicht zu trenne«, heißt es bei Goethe, im Faust II.

8 Historisch gibt es einen klaren Zusammenhang zwischen Krieg und Kapitalismus und (urbanem und höfischem) Luxus und Kapitalismus. Vgl. dazu Werner Sombart: Krieg und Kapitalismus, München 1913; ders.: Luxus und Kapitalismus, München 1913.

nicht zuletzt an privaten Geld- und Kreditgebern interessiert, nicht länger nur an «Land und Leuten«. Also treiben sie die Entwicklung des Kapitalismus voran; sie wissen es nicht, aber sie tun es. Der so genannte Merkantilismus war keine Politik, um dem »Kapitalismus« zum Durchbruch zu verhelfen. Indem sie dem Staat (ihrem Souverän) so viele neue und so ergiebige Steuer- und Finanzquellen zu erschließen suchten wie nur möglich, förderten die Protagonisten des frühmodernen Staates die Entwicklung des Handels-, Finanz- und Manufakturkapitalismus.

Der moderne Kapitalismus kommt durch eine ganze Serie von »Revolutionen« zustande. Nicht nur »industrielle« Revolutionen sind wichtig, die »agrarische« Revolution, die Transportrevolution, die »finanzielle« Revolution des 18. Jahrhunderts, ebenso wie die »kommerzielle« Revolution kurz darauf, spielen eine nicht weniger wichtige Rolle in der Entwicklung des Kapitalismus. Solche Revolutionen ereignen sich in der Geschichte des Kapitalismus immer wieder – in jüngster Zeit haben wir wieder eine finanzielle Revolution erlebt, die zum Verschwinden der Banken, wie wir sie kannten, zur Erfindung und Verbreitung der Finanzderivate und zum virtuellen Geld geführt hat.

Von Anfang an verläuft die Entwicklung der Basisinstitutionen des modernen Kapitalismus höchst ungleichzeitig. Es dauert Jahrhunderte, bis sich die ökonomischen Verhältnisse des Kapitalismus durchgesetzt und eingebürgert haben, so dass sie als selbstverständlich akzeptiert werden, so als seien sie »naturgegeben« und immer schon dagewesen. Tatsächlich haben sie allesamt eine Geschichte – eine ziemlich blutige und gewalttatige zumal. Bis zum heutigen Tag braucht der »stumme Zwang der ökonomischen Verhältnisse« des modernen Kapitalismus Nachhilfe, bedarf einer im Hintergrund sehr nachdrücklich anwesenden Autorität, die Regeln setzen, zu Normen erheben und sogar durchsetzen kann. Also kann man die historische Entwicklung des modernen Kapitalismus in Europa und anderswo anhand der Geschichte seiner »Basisinstitutionen« (Markt, Lohnarbeitsverhältnis, Privatunternehmen usw.) schreiben. Die werden immer wieder verändert, mit ihnen ändert sich der Kapitalismus. Jede dieser historischen Form- und Strukturveränderungen des Kapitalismus war politisch umkämpft, die kapitalistische Entwicklung hat eine Logik, folgt Tendenzen, aber keinen »ehernen Gesetzen«.

Elemente des Kapitalismus – Waren, Geld, Märkte, Handelskapital, sogar Lohnarbeit, Kredit, Banken, Bodenpacht, Immobilienpreise, Spekulation – gab es schon lange, bevor der Kapitalismus im modernen Sinn sich durchsetzte und das gesamte Alltagsleben durchdrang. Märkte in vielen Formen, entwickelten Geldverkehr, organisierten (Fern) handel, ja sogar »Welt«handel lassen sich in der europäischen Antike ebenso wie im »alten« Indien, China oder Japan mühelos nachweisen. Das hat viele Historiker und Soziologen dazu verleitet, das Kapital und den Kapitalismus zu einem Universalphänomen der Geschichte zu erklären: Kapitalismus habe es immer gegeben und werde es immer geben.[9] Mitnichten.

9 Vgl. dazu Fritz Gerlich: Geschichte und Theorie des Kapitalismus, München – Leipzig 1913 und Lujo Bren-

Märkte, Geld, sogar Kapital und Lohnarbeit für sich genommen machen noch keinen Kapitalismus. Erst wenn sie sich als Teile zu einem alles umfassenden System, einem Gesamtzusammenhang (oder, wie Marx in Hegelscher Sprache sagte, zu einer »Totalität«) fügen, kann von Kapitalismus die Rede sein.

tano: Die Anfänge des modernen Kapitalismus, München 1916. Demnach gab es Kapitalismus schon seit den frühesten Anfängen der menschlichen Zivilisation.

3. Der Profit und seine Vermehrung: woher und – wieviel?

Profit kommt aus diversen Quellen – marxistisch gesprochen: Die gesamte Profitmasse kann erheblich größer sein als die Gesamtmasse des Mehrwerts. Die Methoden des Profitmachens sind verschieden, aber es geht in jedem Fall um Ausbeutung, also Verhältnisse, in denen einige gezwungen sind, ob sie wollen oder nicht, ob sie sich dessen bewusst sind oder nicht, für andere Reichtum zu produzieren, also für sie zu arbeiten und (produktive) Mehrarbeit zu leisten, oder ihnen ihre Reichtümer zu überlassen, ja zu übereignen – ohne entsprechende Gegenleistung, versteht sich. Ausbeutung hat also immer etwas mit ungleicher Macht zu tun; mehr noch mit »struktureller Gewalt«, mit Zwangslagen, denen sich die Unterlegenen nicht entziehen können. Die Ausbeuter tun, was sie können, um den Ausgebeuteten ein Entkommen aus diesen Zwangslagen so schwer wie möglich, besser noch unmöglich zu machen und sie auf Dauer in Abhängigkeit zu halten – sei dies Marktabhängigkeit, Lohnabhängigkeit, Mietabhängigkeit, Kreditabhängigkeit oder alles zugleich. Solche Abhängigkeiten sind wechselseitig, die Ausbeuter (Profitmacher) brauchen die Ausgebeuteten (bzw. Auszubeutenden) zum Profitmachen. Daher können die Ausgebeuteten sich wehren und geht die Profitmacherei im Kapitalismus nicht ohne ständige Konflikte und (Klassen)kämpfe ab.

Eine Vielzahl von Profiten scheint auf reiner Übervorteilung zu beruhen – Handelsgewinne, Monopolgewinne, Bankgewinne, Spekulationsgewinne bei Finanzgeschäften. Man kann Marktkonstellationen und -konjunkturen ausnutzen, man kann namentlich auf den Finanzmärkten Gewinne machen, die auf reiner Umverteilung von fiktivem Kapital beruhen und mit irgendeiner Wertschöpfung nichts zu tun haben. Das im Prinzip richtige Marxsche Argument, dass auf den Märkten (allen Märkten) der eine nur gewinnen könne, was der andere verliert und umgekehrt, stimmt nicht mehr, sobald die Chancen, zu den Gewinnern und zu den Verlierern zu gehören, strukturell ungleich verteilt sind. Das ist auf allen Finanzmärkten in der Regel der Fall. Die Sache wird dadurch kompliziert, dass die fiktiven Größen, mit denen Gewinne gemacht werden, die Boden- und Immobilienpreise, die Wertpapierkurse zeitweilig für alle Beteiligten steigen können, so dass alle zu den Gewinnern zu gehören scheinen (die einen mehr, die anderen weniger) – bis zum nächsten Börsenkrach, in dem sich ein Großteil dieser fiktiven Preise und fiktiven Kapitalien wieder in Luft auflösen.

Für die Dynamik des Kapitalismus ist eine bestimmte Kategorie von Profiten entscheidend: die Innovationsgewinne. Das sind Gewinne, die einzelne Unternehmer machen können, weil sie sich durch technologische und/oder organisatorische Neuerungen in ihrem Betrieb vom Durchschnitt ihrer Konkurrenten absetzen. Der Kapitalismus ist die erste Produktionsweise, die Entdeckungen und Erfindungen, sogar die Wissenschaften – erst die Naturwissenschaften, später die Sozialwissenschaften – systematisch nutzt und integriert. Der »Wert« einer Ware stellt eine Art von Produktionsnorm dar, die im anonymen Prozess der Marktkonkurrenz zustande kommt. Jeder Unternehmer, der billiger und/oder besser als die anderen Unternehmer seiner Branche zu produzieren versteht – weil er technologische Fortschritte als erster oder besser nutzt, weil er die Arbeitsabläufe in seinem Betrieb besser organisiert, weil er generell Kosten spart oder weil er es versteht, seine Lohnarbeiter geschickter und effektiver auszubeuten als andere, kann einen Extraprofit über den jeweiligen Durchschnittsprofit hinaus realisieren.[10] Wenn es Unternehmern gelingt, solche Vorteile/Vorsprünge festzuhalten, abzusichern und auszubauen, können die Extraprofite zu regelrechten »Differentialrenten« werden.[11] Im Prinzip sind alle Kapitalisten ständig auf der Jagd nach »Differentialrenten« und nach »Monopolrenten« – nur müssen sie diese schon selbst schaffen und können nicht schon vorhandene, »natürliche« Unterschiede (etwa der Bodenfruchtbarkeit, der Ergiebigkeit von Bergwerken oder Ölquellen) einfach ausnutzen wie die Grundeigentümer. In der internationalen Konkurrenz, auf dem Weltmarkt, können solche Extraprofite gewaltige Dimensionen annehmen. Auf den internationalen Finanzmärkten werden solche Profite vorweg genommen – die Hoffnung oder Erwartung solcher Profite reicht, um die fiktiven »Werte« der Aktien innovationsfreudiger Unternehmen in fantastische Höhen zu treiben.[12]

Profite lassen sich auch durch einfache Enteignung machen, man kann sich bereichern, indem man sich Reichtümer aneignet, die anderen gehören, sie also enteignet. Am besten klappt das, wenn die begehrten Reichtümer »herrenlos« oder so genannte freie Güter sind bzw. dazu erklärt werden. Die europäische Geschichte, angefangen mit der wiederholten Enteignung der Gemeingüter, der »commons«, wie die Geschichte der Kolonien bietet dafür Beispiele in Hülle und Fülle: Die Kolonialgebiete und ihre Reichtümer wurden mit Gewalt angeeignet, Raub, Plünderung, Enteignung in großem Stil (häufig in der zivilen Form des Landkaufs von den Eingeborenen) waren an der Tagesordnung. Sie sind es noch, auch wenn heute die Aneignung der Reichtümer der Dritten Welt durch multinationale Konzerne ohne allzu viel offene Gewaltanwendung, aber mit reichlich Betrug, Bestechung, Erpressung vor sich geht.

Wer sich ein Bild von der Masse und vom Wachstum der Profite (also der Kapitaleinkommen oder der »arbeitslosen« Einkommen insgesamt) machen will, muss sich auf die Vielfalt der Ausbeutungsformen einlassen. Neben der primären Ausbeutung, der eigentlichen Mehrwertproduktion in der Marxschen Terminologie, gibt es eine Vielzahl von Formen der sekundären Ausbeutung.[13] Die primäre Ausbeutung

10 Der kann einen »Extramehrwert« einschließen, muss aber nicht.

11 Joseph Schumpeters vielgerühmte »Theorie der wirtschaftlichen Entwicklung« aus dem Jahre 1911 beruht auf dieser ursprünglich Marxschen Einsicht, geht aber in die Irre: Nicht alle Profite sind Extraprofite, nicht alle Extraprofite sind Innovationsgewinne und beruhen auf »neuen Kombinationen«, die kapitalistische Produktionsweise braucht beides, Profite und Extraprofite. Beides muss man im Zusammenspiel erklären können, was der alte Marx kann, Schumpeter nicht.

12 Dass man von solchen Fantasiewerten sehr schnell wieder abstürzen kann, hat die jüngste Krise der so genannten neuen Ökonomie aufs Neue demonstriert.

13 Das ist keine neue Einsicht. Bereits dem alten Marx war das wohlbekannt, wenn er sich auch in seiner Analyse der Grundform oder reinen Form des Kapitalismus auf die Mehrwertproduktion und -aneignung beschränkt hat.

bedingt die unmittelbare »Anwendung« produktiver Lohnarbeiter, die unter dem direkten Kommando und unter der Kontrolle desjenigen arbeiten, der die zeitweilige Verfügung über ihre Arbeitskraft auf dem »Arbeitsmarkt« gekauft hat, daher von ihren Lohn- und Brotherrn, den heute so genannten Arbeitgebern, mit allen Mitteln zur unbezahlten Mehrarbeit angehalten, ja systematisch gezwungen werden können. Eine Vielzahl von Methoden wurden und werden da entwickelt, die auf die systematische Steigerung der Arbeitsproduktivität und -intensität hinauslaufen.

Auch die Wohnungsvermieter, die Banken, die Versicherungen, die Händler haben viele Möglichkeiten, um ihre besitzlosen und von ihnen abhängigen »Kunden« auszubeuten, auch wenn sie sie nicht direkt für sich arbeiten lassen; die in diesen Formen Ausgebeuteten können produktive (oder auch unproduktive) Lohnarbeiter sein, diese Formen der Ausbeutung können aber auch andere treffen, die nicht zu den aktiven Lohnarbeitern zählen.[14] Die Komplexität und die wachsende Bedeutung »sekundärer« Ausbeutungsformen werden in der marxistischen Orthodoxie in der Regel nicht ernstgenommen. Hinzu kommt die internationale Ausbeutung, die vielerlei Methoden umfasst, mit denen ein Land sich auf Kosten eines anderen »kapitalistisch bereichern« kann, auch wenn sich das in der Regel vornehmlich in der Bereicherung einiger Kapitalisten des profitierenden Landes niederschlägt. Ein nicht unwesentlicher Teil der Profite, die in den reichen Ländern des Nordens eingestrichen werden, stammen aus den ärmeren Ländern des Südens (bzw. Ostens). Ohne die »Weltmarktausbeutung« kann man die Struktur von Reichtum und Armut der (kapitalistischen) Nationen nicht verstehen.

Neuerdings werden in vielen kapitalistischen Ländern die progressiven Steuern als »ausbeuterisch« bekämpft. In der Tat gibt es so etwas wie »Steuerausbeutung«, nur trifft sie in der Regel nicht die Reichen.[15] Ein Teil der Profite stammt eben in allen entwickelten kapitalistischen Ländern auch aus nicht gezahlten, vermiedenen, hinterzogenen Steuern und/oder aus Steuergeschenken der jeweiligen Regierung.

Wie viel? Man kann das nur schätzen. Selbst auf der Ebene des einzelnen Unternehmens ist die Gewinn- und Verlustrechnung ein Kapitel für sich und von zahlreichen Konventionen bzw. Rechtsregeln abhängig. Warum verkünden heute Großunternehmen trotzdem sie jahrelang Milliardengewinne gemacht haben, Sanierungsprogramme, die auf die Entlassung von Hunderten oder Tausenden hinauslaufen? Weil nicht die absolute Höhe der Profite, sondern die Profitrate als Indiz für den Erfolg oder Misserfolg, als Kriterium der Effizienz genommen wird. Man kann sich darüber streiten, ob es im gegenwärtigen Kapitalismus noch eine »allgemeine« oder »Durchschnittsprofitrate« als regulierende Größe gibt – eine Größe, die die Höhe des »normalen« Profits angibt. Vieles spricht dafür, dass für

14 Eine schlechte Angewohnheit und ein schlimmer Fehler. Viele, die keine Mehrwertproduzenten sind, werden dennoch vom Kapital in vielerlei Formen ausgebeutet. Vor dieser Komplexität braucht man sich nicht zu fürchten. Denn so weit, dass jeder jeden ausbeuten kann, in beliebigem Wechsel und in beliebigen Kombinationen, kommt es nicht im Kapitalismus.

15 Vgl. zur Steuerausbeutung Michael R. Krätke: Kritik der Staatsfinanzen, Hamburg 1984.

große Teile des Kapitals, insbesondere für das Finanzkapital, das sich auf den Finanzmärkten umtreibt, eine solche Größe nicht besteht, jedenfalls keine Rolle mehr spielt, wenn sie das denn je getan hat.

Weltweit hat jedenfalls die Ungleichheit der Einkommen und Vermögen in den und zwischen den kapitalistischen Nationen in den letzten zwei Jahrzehnten enorm zugenommen. Es gibt heute mehr Reiche und Superreiche als je zuvor, und diese Reichen und Superreichen sind heute erheblich reicher im Vergleich zu Durchschnittsverdienern als je zuvor. Bei den Vermögensbesitzern ist diese Ungleichheit noch schärfer ausgeprägt. Es gibt also wenig Anlass, sich um die Höhe der Profite Sorgen zu machen.

4. Rosa Luxemburg: Was war ihre Idee vom Kapitalismus? Und was bleibt?

Rosa Luxemburgs Beiträge zur Politischen Ökonomie des Kapitalismus haben ein seltsames Schicksal gehabt. Sie wurden von der großen Mehrheit der marxistischen Ökonomen ihrer Zeit scharf kritisiert und abgelehnt; dem Buch, das ihr am wichtigsten war – ihre »Akkumulation des Kapitals«, die 1913 erschien – blieb der Erfolg versagt, aber nicht die Wirkung.[16] Denn Rosa Luxemburg hat durch ihre Marx-Kritik den Anstoß zum Überdenken und Neuformulieren der Theorie der Kapitalakkumulation gegeben. Ein unvollendet gebliebener Teil der Marxschen Kritik der Politischen Ökonomie – seine Analyse und Darstellung des Akkumulationsprozesses in Gestalt eines »Schemas« der erweiterten Reproduktion – wurde zum Gegenstand einer langen und bisweilen hitzigen Debatte.[17] Am Ende der Debatte – gut 25 Jahre später – hatten die marxistischen Ökonomen in der Tat einige neue Einsichten in die kapitalistische Makroökonomie und über die Funktionsweise des Weltmarkts gewonnen.

Fünf Elemente sind für Rosa Luxemburgs Idee vom Kapitalismus – oder besser ihre aktualisierte Kapitalismuskritik, die Kritik des Imperialismus, die zugleich eine Marx-Kritik enthielt – zentral:

Erstens sieht sie den Kapitalismus von Anfang an als Weltsystem, stellt daher die Entwicklung des Kapitalismus in einzelnen Ländern, zumal in Europa, bewusst und systematisch in den Weltmarkt-Zusammenhang. Kapitalismus in einem Land ist eine ebenso falsche Vorstellung wie »Sozialismus in einem Land«.

Zweitens sieht sie die kapitalistische Entwicklung, angefangen beim elementaren Prozess der Kapitalakkumulation als einen sowohl politischen wie ökonomischen Vorgang – also einen Prozess, der politische Kämpfe, Konflikte, Gewalt einschließt. Rosa Luxemburg nimmt die Ökonomie des Kapitalismus so politisch wie sie ist (und folgt darin Marx). Etliche »Gesetze« des Kapitalismus generell bzw. der Kapitalakkumulation setzen sich nur auf politischem Wege, dank politischer Interventionen durch, so z. B. das ganz und gar nicht eherne, sondern höchst elastische »Lohngesetz«.[18]

Drittens betont sie die historischen Grenzen der kapitalistischen Entwicklung: Wenn der Kapitalismus sich überall durchgesetzt hat, zur einzigen Produktions-

16 Wie Rudolf Hilferding mit seiner Untersuchung über *Das Finanzkapital* (1910 zuerst veröffentlicht) die »jüngste Entwicklung des Kapitalismus« erklären wollte, so wollte Rosa Luxemburg mit ihrem Buch vor allem einen »Beitrag zur ökonomischen Erklärung des Imperialismus« leisten, wie es im Untertitel hieß. Vgl. Rosa Luxemburg: Die Akkumulation des Kapitals, in: dies.: Gesammelte Werke. Bd. 5: Ökonomische Schriften.

17 Rosa Luxemburg hat sich noch selbst an der Debatte beteiligt, die sie ausgelöst hatte – mit der Streitschrift »Die Akkumulation des Kapitals oder Was die Epigonen aus der Marxschen Theorie gemacht haben. Eine Antikritik«. Sie schrieb diesen Text 1915 im Gefängnis, er wurde erst nach ihrem Tode, 1921, veröffentlicht (vgl. Rosa Luxemburg: Gesammelte Werke. Bd. 5: Ökonomische Schriften.

18 Vgl. dazu: Michael R. Krätke: A very political political economist: Rosa Luxemburg's Theory of Wages, in: Riccardo Bellofiore (ed): Rosa Luxemburg and the Critique of Political Economy, Basingstoke – London 2006.

form für alle Menschen auf der ganzen Welt geworden ist, dann kann er sich nicht mehr weiter ausdehnen und nicht mehr entwickeln. Dann wird seine Unmöglichkeit schlagend deutlich. Kerngedanke der Rosa Luxemburg: Der Kapitalismus ist nur in ständiger Bewegung, sich ausdehnend und erweiternd möglich und strebt danach, zum Weltsystem zu werden. Aber als Weltsystem ist er unmöglich. Er wird unweigerlich zum Opfer seines welthistorischen Erfolges. Darin hat sie nach wie vor Recht, wenn auch zum Teil aus anderen Gründen, als sie für richtig und evident hielt.[19]

Viertens sah sie völlig klar, dass die so genannte ursprüngliche Akkumulation, also die Bildung von privatem Reichtum, von Grundeigentum und Kapitaleigentum durch gewaltsame (wenn auch oft genug legalisierte) Enteignung vieler Gemeineigentümer bzw. die Vernichtung kollektiver »Eigentumsrechte« und/oder durch private Aneignung scheinbar »freier«, herrenloser (Natur)reichtümer, nicht nur in der Vor- oder Entstehungsgeschichte des modernen Kapitalismus eine zentrale Rolle gespielt hat, sondern auch in der gegenwärtigen (und zukünftigen) Geschichte des Kapitalismus, im Weltmaßstab betrachtet, eine entscheidende Rolle spielt und weiter spielen wird.

Fünftens zögerte sie nicht, das Absurde, das Aberwitzige, die Irrationalität der kapitalistischen Entwicklung anzugreifen. Der Kapitalismus bringt eine »verrückte« Welt hervor, voller »irrationaler« Formen und Erscheinungen, die seiner vermeintlichen »Rationalität« tagtäglich ins Gesicht schlagen. Seine Widersprüche sind eben keine Widersprüche im Sinne der formalen Logik, es sind – die Dialektiker Marx und Engels lassen grüßen – schreiende Widersprüche, explodierende Gegensätze des Alltagslebens, die ständig Konflikte, Krisen, Katastrophen, manchmal auch Revolten hervortreiben.

19 Vgl. dazu Michael R. Krätke: The Luxemburg Debate. The Beginnings of Marxian Macroeconoomics, Paper presented at the International conference on Rosa Luxemburg, Wuhan University, China, 20.-23. March 2006.

5. Geopolitik und Geoökonomie: Ist »Raum« das neue Schlüsselwort für den neuen Kapitalismus?

Zum Weltmarkt strebt der Kapitalismus von Anfang an. Schließlich, im Lauf mehrere Jahrhunderte, kommt eine kapitalistisch geprägte Weltökonomie zustande, auch wenn die Welt bis heute nicht völlig »durchkapitalisiert« oder «durchstaatlicht« worden ist. Die erste wirkliche Weltmarktkrise in der Geschichte des modernen Kapitalismus, die in kürzester Zeit alle damaligen Industrieländer und deren Kolonien bzw. Handelspartner in der Welt erfasste, ereignete sich 1857/58.[20] Aber damit war die Entwicklung des Kapitalismus im Weltmaßstab noch lange nicht zu Ende. Sie ist es bis heute nicht. In vielen Teilen der Welt hat der Kapitalismus noch eine Zukunft vor sich, seine historischen »Sturm- und Drangperioden« wiederholen sich und werden auch in Zukunft noch wiederkommen – solange die kapitalistische Produktionsweise besteht. Die Zentren und Schwerpunkte der kapitalistischen Weltökonomie, des Weltmarkts haben sich in der Geschichte mehrfach verschoben, sie können sich wieder verschieben; aber kampflos, ohne Verluste ging und geht das nicht.

Dass der »Raum« heute, für die gegenwärtige Epoche zur Schlüsselkategorie werde, ist eine ebenso überzogene, unbegründete Behauptung wie die entgegengesetzte Versicherung, der Raum, räumliche Distanzen spielten heute keine Rolle, das »Ende der Geographie« sei gekommen. Raum und Zeit, räumliche Distanzen, Unterschiede der »Lage« (der Standorte), die ungleiche Verteilung der natürlichen Reichtümer, angefangen mit der Qualität der Jagd- und Weidegründe bzw. des Ackerlandes spielen in der klassischen politischen Ökonomie eine große Rolle. Aber was die Ökonomen für naturgegebene, unveränderliche Umstände halten, das wird vom Kapital ständig umgemodelt und neu geschaffen. So wie es ist, bleibt es nicht, das Kapital strebt beständig, räumliche Distanzen durch Beschleunigung der Bewegung zu überwinden, Zeit und Raum zu komprimieren. Im ständigen Konkurrenzkampf der Kapitale werden die jeweils gegebenen geographischen Unterschiede – der Verkehrslage, der Bodenfruchtbarkeit, der Verteilung von Bodenschätzen, der Ergiebigkeit von Rohstoffquellen – zugleich ausgenutzt und verändert. Mit dem Kapitalismus beginnt nicht nur ein neues Zeitregime, auch die »Produktion des Raumes«, um Henri Lefèbvres Begriff zu gebrauchen, und zwar des Raumes als Ware, wird zum ersten Mal systematisch und in großem Stil betrieben.[21] Der kapitalistisch produzierte Raum, zu dem heute die Städte, die Ver-

20 Marx hat dieses bemerkenswerte Ereignis gründlich studiert und kommentiert. Vgl. dazu Michael R. Krätke: Kapitalismus und Krisen. Geschichte und Theorie der zyklischen Krisen in Marx' ökonomischen Studien 1857/58, in: Beiträge zur Marx-Engels-Forschung, NF 1998.

21 Henri Lefèbvre hatte schon 1939 (in *Le matérialisme dialectique*) kritisiert, Marx habe im Wesentlichen die Zeitstrukturen kapitalistischer Ökonomien analysiert, aber die räumliche Dimension vernachlässigt. Was die Analyse des Grundeigentums und der Kapitalverwertung in der Landwirtschaft oder im Bergbau betrifft, war diese Kritik nicht ganz unberechtigt. Marz ist damit, trotz intensiver Studien bis an sein Lebensende, nicht fertig geworden. Henri Lefèbvre hat seine eigene Analyse schließlich 1974 publiziert – in dem Buch *La production de l'espace*, das es leider bis heute nicht in deutscher Sprache gibt.

kehrsnetze ebenso gehören wie der zur (mittlerweile industrialisierten) Primärproduktion genutzte Boden, wird unaufhörlich neu verteilt und neu strukturiert. Der Boden ebenso wie die Bodenschätze werden in Waren verwandelt und auf den Weltmarkt gebracht.[22] Der Raum des Weltmarkts wird durch die Handelsnetze und die internationale Transport- und Kommunikationsindustrie geschaffen, und zwar in Warenform. Dazu kommen die großen Handels- und Finanzplätze der Welt, die Metropolen, die zugleich Industrie- und Dienstleistungszentren sind. Sie sind es nicht von Natur, obwohl günstige Verkehrslagen eine Rolle spielen; sie werden dazu gemacht – oft genug im Kampf gegen konkurrierende Handels- und Finanzzentren. Mit den »industriellen Revolutionen« kommen die Industriezentren (-städte und -regionen) dazu, die die Struktur der Verkehrsnetze (zuerst der Kanäle, dann der Eisenbahnen, viel später der Autostrassen) gründlich verändern und neue Zentren des Welt(markt)verkehrs hervorbringen.

In Zeiten ständiger Warenüberfülle auf den Weltmärkten, ständiger Überkapazitäten in den kapitalistischen Hauptländern und wachsender, absehbarer Verknappung der wichtigsten industriellen Ressourcen (Erze, Minerale, fossile Brennstoffe) scheint die Geopolitik wiederzukehren – in Gestalt von Ressourcenkriegen, die weltweit geführt werden.[23] Seit den ersten Anfängen der kapitalistischen Entwicklung spielen Staaten – Territorial- oder Flächenstaaten (die sich erst recht spät in »Nationalstaaten« verwandeln) – bei der Herstellung des Weltmarkts, bei der räumlichen Expansion des Kapitalismus eine Schlüsselrolle. Da mit dem internationalen Handel und dem Weltmarkt eine »internationale Arbeitsteilung«, ein System wechselseitiger, aber höchst asymmetrischer Abhängigkeiten entsteht, gehen Weltmarktkonkurrenz und politische Rivalität zwischen den kapitalistischen Nationen Hand in Hand. Die Struktur der kapitalistischen Weltökonomie, wie wir sie kennen, beruht gerade darauf, dass es den führenden kapitalistischen Nationen – im Kampf um Märkte, um Verkehrswege, um Rohstoffe (und gelegentlich auch um Arbeitskräfte) – gelingt, andere Länder und Völker in den Weltmarkt hineinzuzwingen, sich ihre Ressourcen anzueignen, ihnen die kapitalistische Produktionsweise aufzudrängen, also sie der Herrschaft fremden (europäischen, nordamerikanischen) Kapitals zu unterwerfen.[24] Weder die National-

22 Der Handel und die Spekulation mit Boden, mit Gebäuden und Grundstücken in Stadt und Land ist heute – dank der Verwandlung aller Schulden und Kredite in fiktive Waren – ein Geschäft, das auf vielen internationalen Finanzmärkten zugleich betrieben wird. Immobilienspekulationen, Immobilien»blasen« sind keine lokalen Ereignisse mehr, sondern international, sogar transnational betriebene Geschäfte mit internationalen Folgen.

23 Geopolitik heißt die Lehre, wonach die gesamte internationale Politik aller Staaten völlig von geographischen Bedingungen bestimmt, ja geradezu diktiert wird. Das klingt gut materialistisch, ist aber eine folgenreiche Verdrehung. Den Geopolitikern fehlt, wie allen naturwissenschaftlich geprägten Materialisten, Geschichte und Dialektik.

24 Im üblichen, ideologisch geladenen Jargon der Sozialwissenschaften »Entwicklungsländer« genannt, wobei vergessen wird, was den politischen Ökonomen des 19. Jahrhunderts, wie dem alten Marx, noch sehr bewusst war – dass ein Land wie Indien z. B. erst durch die britische Kolonialherrschaft in ein armes und »unterentwickeltes« Land verwandelt wurde, was es zum Zeitpunkt der Ankunft der Europäer nicht war.

staaten noch die Nationalökonomien sind heute verschwunden, nach wie vor gehen »Internationalisierung« und »Nationalisierung« des Kapitals zusammen.[25] Trotz sinkender Transport- und Transaktionskosten ist das Kapital weder »ortlos« noch »staatenlos« und schon gar nicht »grenzenlos« mobil. So gut wie alles in der heutigen kapitalistischen Weltökonomie – vom Handel, über die Finanzmarkttransaktionen bis hin zur Standortkonkurrenz – spielt sich innerhalb und zwischen den drei ökonomischen Großregionen der »Triade« (Nordamerika, Europa und Ostasien) ab.

Um die stürmische Entwicklung, die Umbrüche und die Krisen in der gegenwärtigen kapitalistischen Weltökonomie zu verstehen, kann man auf das leere Modewort »Globalisierung« leicht verzichten.[26] Das tun die meisten ernsthaften Sozialwissenschaftler, die auf das Globlabla – englisch globaloney oder französisch globiche – der so genannten Eliten nur noch allergisch reagieren. Aber ohne ideologische Beschwörungsformeln: was hat oder kann man sich unter einem »globalen Kapitalismus« vorzustellen?

Man kann unter globalem Kapitalismus einfach das System der Weltmärkte, die kapitalistische Weltökonomie verstehen. Das ist sinnvoll, da längst nicht alle Märkte heute schon vollständig in den einen alles umfassenden bzw. in einen besonderen Weltmarkt integriert sind. Einige Rohstoffmärkte, einige Produktmärkte sind es, die meisten Finanzmärkte, aber nicht viel mehr als das.[27] Das System der internationalen Finanzmärkte kommt dem Ideal eines »globalen«, grenzen- und staatenlosen Kapitalismus am nächsten – so scheint es denen, die nicht so genau hinsehen. Tatsächlich haben auch die Finanzmärkte eine räumliche, durch die Triade geprägte Struktur und funktionieren auf höchst unterschiedliche Weise; außerdem sind sie in eine Vielzahl von hochspezialisierten Teilmärkten gegliedert

25 Einigen der älteren marxistischen Ökonomen war dieser Zusammenhang noch bewusst. So Nikolai Bucharin, der in seinem Buch über *Imperialismus und Weltwirtschaft* (1917) die »Internationalisierung« des Kapitals ebenso diskutierte wie den komplementären Prozess seiner »Nationalisierung« (vgl. Nikolai Bucharin: Imperialismus und Weltwirtschaft, Nachdruck Frankfurt a. M. 1969).

26 Wer Wert auf klares Denken legt, sollte das auch. Denn die Redensart »Globalisierung«, der man anmerkt, dass sie in US-amerikanischen Business Schools erfunden wurde, leidet unter einem logischen Defekt, der ihren ideologischen Gebrauchswert erhöht, nicht aber ihren Erklärungswert. Kurz und schulmäßig: Diejenigen, die diese Redensart im Munde führen, verwechseln in aller Regel Explanans und Explanandum. Denn das Phänomen, das erklärt werden soll (Globalisierung) wird mit demselben Term bezeichnet wie der Prozess, der dies Phänomen angeblich hervorbringt (Globalisierung). Also bewegen sich die üblichen – auch akademischen – Reden über Globalisierung nicht einmal im Kreis, sie trappeln aufgeregt auf der Stelle.

27 Für Rohstoffmärkte wie den internationalen Ölmarkt, den internationalen Goldmarkt, den internationalen Kaffeemarkt usw. gilt: Sie werden erst durch die internationalen Warenbörsen zustande gebracht und zusammengehalten – also durch den börsenmäßig organisierten Handel mit »standardisierten« Warentiteln »Papieröl« oder »Papierkaffee«, sogar »Papiergold« treten an die Stelle der wirklichen Waren und mit diesen papierenen Titeln wid gehandelt und spekuliert. In jüngster Zeit ist dieser Handel durch Handel mit Derivaten (Optionen und Futures), d. h. Titel auf Transaktionen (Käufe oder Verkäufe) mit solchen Warentiteln überlagert worden, so dass nun z. B. der Handel mit Goldderivaten weit wichtiger ist als der Handel mit Goldtiteln. Die Weltmarktpreise für Öl, für Gold usw. werden durch den Handel mit Öl- und Goldderivaten entscheidend beeinflusst. Die große Masse – gut 47 Prozent – des internationalen Handels mit Warenderivaten entfällt übrigens auf den Handel mit Goldderivaten – dies hinter die Ohren derjenigen geschrieben, die da meinen, Gold spiele in der heutigen Weltökonomie keine Rolle mehr.

– heute mehr denn je zuvor. Man sollte sich von der schieren Größe nicht täuschen lassen: Trotz hoher (räumlicher und ökonomischer) Konzentration der Finanzmärkte sind wir von einem vollständig integrierten System der internationalen Finanzmärkte weit entfernt (nicht nur in Europa).

Man kann unter globalem Kapitalismus eine (denkbare) Situation verstehen, in der die kapitalistische Produktionsweise tatsächlich unangefochten über alle Länder und Völker der Erde herrscht. Einem solchen Zustand sind wir heute näher gekommen als je zuvor, ohne ihn jedoch schon vollständig erreicht zu haben. Immerhin haben wir seit 1857/58 so etwas wie Weltwirtschaftskrisen – d. h. so gut wie alle Länder und Regionen der Erde werden von den Großen Krisen des Kapitalismus in Mitleidenschaft gezogen, ohne dass sie darum auch in vollem Umfang, sozusagen flächendeckend kapitalistisch produzieren müssten. Viele Länder und Völker der Erde erleiden die Revolutionen des Weltmarkts (so wie die jüngste, mit dem völlig unpassenden Namen »Globalisierung« belegte) als passive Revolutionen, die sie über sich ergehen lassen müssen. Nach wie vor beherrscht die kapitalistische Produktionsweise nicht die ganze Welt, wenn auch heute die Mehrheit der Weltbevölkerung.

Globaler Kapitalismus kann drittens heißen, dass die Weltökonomie die National- und/oder Regionalökonomien vollständig und in jeder Hinsicht dominiert. Das ist allerdings nicht so. Nicht einmal die stärksten Exportnationen wie Deutschland, Japan sind vollständig oder auch nur überwiegend vom Weltmarkt und seinen Konjunkturen abhängig. Für Deutschland zumal ist der europäische Binnenmarkt, die kleine, aber weltweit am stärksten integrierte Region der EU-Kernländer, weit wichtiger als die »weite Welt« der US-amerikanischen oder asiatischen Märkte.

Die Rede vom globalen Kapitalismus (oder auch transnationalen Kapitalismus) kann viertens so verstanden werden, dass die wachsende Zahl der multi- und transnationalen Konzerne inzwischen die kapitalistische Weltökonomie beherrschen. Immerhin entfällt ein gutes Drittel des Welthandelsvolumens auf die multi- und transnationalen Konzerne (als so genannter Intra-Firm Handel). Allerdings ist es den multi- und transnationalen Konzerne weder gelungen sich »ortlos« oder »wurzellos« zu machen, noch konnten sie bisher eine aparte Parallelwelt des multinationalen/globalen Kapitalismus mit eigenen Spielregeln und Verkehrsformen etablieren.

Schließlich kann man die Rede vom globalen Kapitalismus im Sinne der beliebten Konvergenz-These interpretieren: Im globalen Konkurrenzkampf würden die nationalen Kapitalismen einander immer ähnlicher, der angelsächsische Typ des Kapitalismus werde sich als das in jeder Hinsicht als das überlegene »Modell« erweisen und alle anderen Länder, insbesondere die europäischen, über kurz oder lang dazu zwingen, ihre eigenartigen Modelle aufzugeben und sich den »best practices« des US-amerikanischen Kapitalismus anzupassen.[28] Eine umstrittene

28 Vgl. zu dieser heute die akademische Debatte dominierenden These: Susan Strange: The Future of Global Capitalism; or Will Divergence Persist Forever? In: Colin Crouch, Wolfgang Streeck (eds): The Political Econommy of Modern Capitalism, London 1997.

und bestreitbare, empirisch belegt falsche Behauptung: Weder sind die Nationalstaaten verschwunden, noch gibt es eine nachweisbare Tendenz der Konvergenz der verschiedenen nationalen und regionalen Kapitalismen, im Gegenteil. Die Unterschiede sind heute stärker akzentuiert als je zuvor. Nach wie vor können wir weltweit eine ganze Reihe von »Kapitalismen« unterscheiden, nach wie vor agieren nationale Regierungen höchst unterschiedlich – je nach den besonderen Formen, die die Arbeitsmärkte, die Geld- und Kapitalmärkte, die Unternehmen, also die zentralen Elemente der jeweiligen »nationalen Ökonomie« angenommen haben.[29] Das »globale Kapital«, das es de facto nur in wenigen Sektoren ansatzweise gibt (nur in der Gestalt des »Finanzkapitals«, also der auf allen Finanzmärkten der Welt zugleich operierenden Finanzkonglomerate)[30] beherrscht den Gang der kapitalistischen Weltökonomie ganz und gar nicht.

29 Zur internationalen Politischen Ökonomie gehört also auch die vergleichende/komparative politische Ökonomie – das Studium der realen Welt der »vielen Kapitalismen«, wie es schon die klassischen Ökonomen und nicht zuletzt Marx betrieben haben. Gerade Marx hat die unterschiedlichen Formen des Kapitalismus und seiner Entwicklung im 19. Jahrhundert genau studiert. Seine »allgemeine Theorie« der kapitalistischen Produktionsweise ist keine reine Begriffskonstruktion, sondern beruht auf einer umfassenden Kenntnis der Geschichte und der Vielfalt der Formen des Kapitalismus.

30 Vgl. zur notwendigen Reformulierung des Begriffs des Finanzkapitals: Michael R. Krätke: Finanzmärkte im gegenwärtigen Kapitalismus, in: Michel Aglietta e. a.: Umbau der Märkte, Hamburg 2002.

6. Gibt es einen »neuen« Imperialismus?

Ja und nein. Die kapitalistische Entwicklung beginnt mit Handels- und Kolonialimperien; in der Geschichte des Kapitalismus können wir verschiedene Phasen der kolonialen Expansion, der Gründung und des Ausbaus von Imperien – getragen und getrieben von rivalisierenden Großmächten ebenso unterscheiden wie verschiedene Phasen der Dekolonisierung, in denen die Imperien schrumpfen oder auseinander fallen. So gut wie alle kapitalistischen Nationen waren imperialistische Mächte, haben Kolonialkriege geführt – untereinander oder gegen diejenigen, die sich der Kolonialherrschaft widersetzten. Heute – nach dem vorläufigen Ende der dritten großen Dekolonisierungswelle in der Geschichte des modernen Kapitalismus (die erste begann mit den Aufständen der Kolonisten in den nord- und südamerikanischen Kolonien gegen die jeweiligen Mutterländer) – werden offiziell keine Territorien außerhalb der eigenen Staatsgrenzen mehr annektiert und einem Kolonialreich einverleibt, keine Vasallen- oder Klientenstaaten mehr gegründet oder erhalten. Herren- und staatenlose Territorien gibt es nicht mehr, offiziell wird die staatliche Souveränität der ehemaligen oder potentiellen Kolonien respektiert. Das allerdings ändert sich gerade.

Noch immer folgt die »Flagge dem Handel«, der jeweilige Nationalstaat bzw. die Heimatregion verweigert den expandierenden, wandernden Multinationalen Konzernen ihre Unterstützung nicht, Drohungen mit Anwendung militärischer Gewalt eingeschlossen. Die USA verfolgen offiziell die Politik, amerikanische Staatsbürger und amerikanisches Eigentum überall auf der Welt zu schützen – notfalls mit Gewalt. Auch wenn die Kolonialreiche der europäischen Großmächte auf wenige Reste geschrumpft sind, noch immer unterhalten sie »besondere Beziehungen« zu ihren ehemaligen Kolonien, wie eh und je definieren sie ihre Einflusszonen in verschiedenen Teilen der Welt. Die Methoden haben sich nicht prinzipiell geändert – noch immer betreiben die führenden kapitalistischen Nationen Handel zu ihren, höchst ungleichen Bedingungen mit den Ländern der so genannten Dritten Welt, noch immer eignen sie sich deren natürliche Reichtümer an und beuten sie aus (die Aneignung durch formell legale Kauf- oder Nutzungsverträge ist nichts Neues), noch immer treiben sie sie in Schuldabhängigkeit, noch immer gebrauchen sie deren billige Arbeitskräfte und beuten sie nach allen Regeln der Kunst aus. Noch immer tun sie das um die Wette, in ständiger Konkurrenz miteinander, von der manchmal auch die Regierungen und Eliten der Dritte-Welt-Länder profitieren können.

Es sieht fast so aus, als habe Karl Kautsky und nicht Lenin auf lange Sicht recht behalten: Der klassische Imperialismus scheint sich zum »Ultraimperialismus« gewandelt zu haben, in dem die großen kapitalistischen Weltmächte ihre internen Streitigkeiten friedlich regeln und sich über die Aufteilung der Dritten Welt bzw. deren gemeinschaftliche Ausbeutung verständigen.[31] Seit der Etablierung der G-7 (Gruppe der Sieben) im Sommer 1975 (bzw. ihrer Erweiterung zur G-8 durch die

Aufnahme Russlands als Vollmitglied im Januar 2003) von einem kleinen, exklusiven Club der kapitalistischen Großmächte dominiert. Dieses Konzert der Großmächte hat keinerlei formellen Status, beruht auf keinem internationalen Abkommen. Aber es gelingt diesem Club immer wieder, in wechselnden Allianzen, mitunter durch Erweiterung des inneren, illustren Kreises zur G-11 oder G-12, so etwas wie Richtlinien einer gemeinsamen Weltwirtschaftspolitik (vor allem Handels, Geld- und Finanzpolitik) zu bestimmen. Nach wie vor gibt es zahlreiche Rivalitäten und Gegensätze zwischen den imperialistischen Mächten, die allesamt an der Aufteilung der Welt in eine wachsende Zahl von regionalen Wirtschaftsblöcken beteiligt sind – EU, NAFTA, MERCOSUR, ASEAN, APEC sind nur einige Beispiele. Viele Kämpfe zwischen den imperialistischen Großmächten werden heute innerhalb oder zwischen diesen Blöcken ausgetragen – wie z. B. der Kampf um die internationalen Agrarmärkte, der Kampf um die Stahlmärkte, der Kampf um die Textilmärkte, aber längst nicht alle. Für den Kampf um Erdöl und Erdgas, für den Kampf ums Wasser oder den Kampf um die Erze und Edelmetalle der Welt z. B. gibt es kein internationales politisches Form, nur den täglichen Konkurrenzkampf an den bzw. hinter den Kulissen der Weltbörsen.

Wie stabil dieses »ultraimperialistische« Regime ist bzw. bleiben wird, hängt von der Rolle ab, die die USA im kapitalistischen Weltsystem spielen können. Die Debatte um den »neuen« Imperialismus dreht sich vor allem um die USA, die einzige Weltmacht, die militärisch über eine »globale Reichweite« verfügt und imperiale Ansprüche und Ambitionen kennt (wenigstens in Teilen ihrer Eliten).[32] Der US-Staat war und ist die zentrale treibende Kraft im so genannten Globalisierungsprozess, keineswegs sein Opfer. Wir haben es den USA zu verdanken, dass der Krieg, sogar der Interventions- und Präventivkrieg, die Einrichtung von Protektoraten mit militärischer Gewalt, befestigte Grenzzäune, vorgeschobene Mi-

31 Kautsky hat die These vom »Ultraimperialismus« 1914/15 in einer Reihe von Artikeln in der »Neuen Zeit« und schließlich, als Antwort auf seine Kritiker in der Debatte, in der Broschüre *Nationalstaat, Imperialistischer Staat und Staatenbund* entwickelt. Sein Argument beruhte auf der Unterscheidung zwischen den Strukturveränderungen in der jüngsten Phase der kapitalistischen Entwicklung, die die hoch entwickelten kapitalistischen Länder zur Expansion und zur Aneignung von Rohstoffquellen überall auf der Welt trieben, und der politischen Form, in der diese ökonomischen Notwendigkeiten von den verschiedenen Nationalstaaten umgesetzt würden. Imperialismus war nur eine mögliche politische Antwort auf die ökonomische Notwendigkeit der Expansion nach außen, nicht die einzige. Möglich, vorstellbar sei auch eine andere Politik, die des »Ultraimperialismus«, d. h. der gemeinschaftlichen Aufteilung und Kontrolle der Rohstoffvorräte der Welt durch die kleine Gruppe der kapitalistischen Industrinationen, verstärkt durch die USA. Dies wäre eine mögliche Reaktion auf die Katastrophe des Ersten Weltkriegs, zu der die imperialistische Politik geführt habe – eine imperialistische Expansion und Ausbeutung des Rests der Welt durch einige wenige kapitalistische Großmächte, die kooperieren könnten statt sich zu bekriegen, nicht mehr und nicht weniger. Vgl. Karl Kautsky: Der Imperialismus, in: Die Neue Zeit, Jg. XXXII, 1913-1914, Bd. II; ders.: Nationalstaat, Imperialistischer Staat und Staatenbund, Nürnberg 1915.

32 Vgl. dazu Peter Gowan: Global Gamble: Washington's Faustian Bid for World Dominance, London 1999. Auf die skurrilsten Behauptungen in dieser Debatte – die ganze Welt habe sich in ein Empire ohne Zentrum und Struktur verwandelt (Hardt/Negri), oder alle kapitalistischen Nationen hätten sich stillschweigend dem einen US-Imperium eingemeinden lassen (Panitch/Gindin), gehe ich nicht ein. Bei vielen Marxisten ist die internationale politische Ökonomie zur Schauermärchenstunde verkommen, in der mit wachsender Begeisterung Räuberpistolen über große Weltverschwörungen erzählt werden.

litärlager, Vasallen- und Klientenstaaten als Bundesgenossen, allesamt wieder zu normalen Mitteln der internationalen Politik gemacht worden sind. Dank der USA sieht der »neue« Imperialismus dem alten zum Verwechseln ähnlich, auch wenn es bisher nicht zur offenen Kolonisierung strategisch wichtiger Gebiete gekommen ist. Dazu ist der Siegeszug des Nationalstaats in allen Teilen der Welt zu erfolgreich gewesen. Imperien können »Barbaren«, Völker ohne Staat, unterwerfen. In einer Welt von souveränen Nationalstaaten zu Eroberungen zu kommen, ist schon schwieriger. Zumal sich heute viele Objekte der Begierde für die imperialistischen Mächte zu wehren wissen. China und Indien sind nicht von Ungefähr Atommächte, Invasionen finden nur dort statt, wo mit ernsthaftem Widerstand nicht zu rechnen ist. Selbst die militärische Überlegenheit der USA reicht nicht zur militärischen Eroberung und dauerhaften Kolonisierung ganzer Länder und Regionen. Nicht weil die US-Eliten das nicht wollten, sondern weil sie nicht können.[33] Denn die USA sind keineswegs in jeder Hinsicht eine Super(welt)macht, vielmehr ein militärischer und finanzieller Koloss auf sehr brüchigen Füßen, die größte Defizitökonomie der Welt, die gegenüber ihren wichtigsten Konkurrenten ganz erhebliche strukturelle Schwächen aufweist. Die Rede vom Niedergang der US-Industrie ist kein Märchen, und es ist kein Zufall, dass die USA, weltweit der Champion des Freihandels, zugleich zu den am stärksten protektionistischen Ländern der Erde gehören, jederzeit bereit, einen Handelskrieg zum Schutz der heimischen Industrie und (vor allem) Landwirtschaft vom Zaun zu brechen. Ohne täglichen Zustrom ausländischen Kapitals in Milliardenhöhe könnte die US-Wirtschaft keinen Tag überleben, der Kurs des US-Dollar hängt davon ab, wie lange ausländische Kapitalisten bereit sind, die US-amerikanische Staatsschuld zu finanzieren, d. h. US-amerikanische Treasury bonds (Schatzscheine, kurzfristige Schuldtitel der US-Regierung) zu kaufen und zu halten.[34]

33 Die USA haben ihre Kriege in jüngster Zeit stets in Koalitionen geführt und als zeitweilige Intervention in einer Ausnahmesituation deklariert.

34 Vgl. Emmanuel Todd: Après l'Empire, Paris 2002; Michael Mann: Incoherent Empire, London 2003.

7. Was ist der »neoliberale« Kapitalismus?

Eine unglückliche Wortverbindung. Gemeint ist die Hegemonie, mittlerweile weltweit, wenn auch auf die so genannten Eliten beschränkt, einer bestimmten Ideologie und der dazu gehörigen politischen Praxis, die sich seit Anfang der 1980er Jahre in den meisten kapitalistischen Ländern durchgesetzt hat. Auch wenn die Rezeptur und die offizielle Rhetorik der Wirtschafts-, Finanz- und Sozialpolitik überall die gleiche ist, unterscheiden sich die tatsächlichen Politiken doch beträchtlich. Denn nirgendwo haben die Anhänger des neuen Köhlerglaubens eine Tabula-rasa-Situation vorgefunden oder herbeiführen können. Daher befinden sich die Verfechter des Neoliberalismus in einem ähnlichen Dilemma wie die Liberalen im England des 19. Jahrhunderts: Sie haben überall gesiegt, aber überall agieren die Regierungen wie »Verräter« an der reinen Lehre (mit Ausnahme der Ikone Margret Thatcher).[35]

Der Neoliberalismus ist keineswegs eine logische Folge oder ideologisches Produkt struktureller Veränderungen im Kapitalismus, wie einige Hyperorthodoxe meinen. Es gab ihn als Doktrin schon viel eher, er wurde als politisches Projekt seit Ende der 1940er Jahre aktiv betrieben und weltweit propagiert. Ohne die mit Millionenbeträgen jahrzehntelang subventionierte, hoch organisierte Propagandatätigkeit eines Netzwerks von so genannten think tanks (wie der Mount Pèlerin Society) wäre die zeitweilige Hegemonie des neoliberalen Einheitsdenkens nie zustande gekommen.[36] Die hat natürlich eine reale Basis. Nur liegt sie nicht in den veränderten Produktionsverhältnissen, sondern im Aufstand der Herren des Finanzkapitals und der Vermögensbesitzer (der Rentiers), die die Gelegenheit nutzen wollten, die ihnen die große Krise der kapitalistischen Weltwirtschaft in den 1970er Jahren bot.

Aber: Einen »neoliberalen« Kapitalismus gibt es ebenso wenig wie es einen »liberalen« Kapitalismus (den Kapitalismus der angeblich »freien Konkurrenz« im 19. Jahrhundert) je gegeben hat. Kein hoch entwickeltes kapitalistisches Land entspricht heute dem neoliberalen Idealbild einer »deregulierten«, »liberalisierten«, »flexibiliserten« Ökonomie mit minimalem, schlankem Staat, voll »privatisierten« öffentlichen Gütern und Dienstleistungen, offenen Grenzen für das mobile Kapital, einem völlig deregulierten Arbeitsmarkt, unbeschränkter Vermarktung sämtlicher natürlicher Ressourcen usw. Man könnte sich streiten, ob z. B. das blutige, extrem gewalttätige »Experiment« in Chile seit 1973 so etwas wie eine Annäherung an das neoliberale Idealbild darstellte. Selbst der Kapitalismus der USA funktioniert nicht lupenrein und hundertprozentig nach neoliberalen Rezepten. Die USA kennen einen großen öffentlichen Sektor (wenn auch teilweise

35 Eine klassische Illustration dieses Dilemmas bietet Herbert Spencer *The man versus The state*, London 1992 (zuerst 1884).

36 Vgl. zur Geschichte dieser think tanks: Bernhard Walpen: Die offenen Feinde und ihre Gesellschaft. Eine hegemonietheoretische Studie zur Mont Pèlerin Society, Hamburg 2004.

»verborgen«), sie kennen einen (oder sogar mehrere, mehrfach gespaltene) Wohlfahrtsstaat, sie kennen durchaus regulierte und kontrollierte Märkte. Auch Hongkong, das oft genannt wurde, entsprach diesem Idealbild nicht – die britische Kronkolonie – einer der vier asiatischen »Tiger«staaten – funktionierte nur, weil der Staat den gesamten Grund und Boden besaß und insbesondere den Wohnungsmarkt strikt regulierte, also das »freie Spiel der Marktkräfte« dort nachhaltig unterband. Man könnte die berüchtigten »freien Wirtschaftszonen« anführen, die in einigen Ländern der so genannten Dritten Welt benutzt wurden und werden, um ausländisches Kapital anzulocken, z. B. massiv in der Volksrepublik China. Aber bei näherem Hinsehen zeigt sich rasch, dass auch in den »freien Produktionszonen« das ausländische Kapital keineswegs tun und lassen kann, was es will, sich vielmehr harten Kontrollen und strengen Regeln beugen muss.

Wir kennen kein einziges Beispiel für einen »Kapitalismus pur«, der der neoliberalen Idealvorstellung eines völlig entfesselten, reinen Marktes entspräche. Dafür gibt es gute Gründe, die in der Tradition der (kritischen) Politischen Ökonomie wohl bekannt sind.

Märkte haben notwendige Grenzen, eine ganze Reihe von blinden Flecken und inhärenten Fehlerquellen – Märkte versagen, und zwar nicht zufällig, sondern aufgrund systemischer Eigenschaften, die sich zwar politisch, durch »Eingriffe« von Akteuren, die der Marktkonkurrenz nicht unterliegen, korrigieren, aber nicht beseitigen lassen. Daher kennt die (kritische) Politische Ökonomie neben den Waren auch die Kategorien der Gemeingüter, der öffentlichen Güter, aber auch die der »umkämpften Waren« und – last not least – die Kategorie der »fiktiven Waren«. Keine dieser Kategorien hat etwas mit Natur zu tun, ebenso wenig wie die Grenzen des »Marktraumes«, der durch eine Reihe von »umkämpften Zonen« mit offenen, fließenden Grenzen beschrieben werden kann, Kampfzonen, die zwischen diesen besonderen Domänen des gesellschaftlichen Reichtums liegen.[37]

Unbestreitbar gab und gibt es zahlreiche Alternativen zum reinen Marktverkehr; niemals in der menschlichen Geschichte hat sich die Gesamtheit aller ökonomischen Aktivitäten der einen, simplen Logik des Marktes unterworfen. Die Losung der globalisierungskritischen Bewegung: »Die Welt ist keine Ware« spricht also eine wissenschaftliche Wahrheit aus. Es ist unmöglich, alles und jedes zur Ware zu machen – so wie es auch unmöglich ist, einen Markt zu machen ohne Staat. Die Grenzen des Marktes, angefangen mit den so genannten Externalitäten, sind überall und sie machen sich ständig bemerkbar. Die regionalen und nationalen/transnationalen Ökonomien sind heute allesamt »gemischte Wirtschaften«, auch wenn der kapitalistische Marktsektor dominiert. Selbst die höchst entwickelten kapitalistischen Industrieländer, auch die USA, haben heute noch große »öffentliche« Sektoren; viele haben einen Sektor der »sozialen« (oder »solidari-

37 Vgl. dazu: Michael R. Krätke: Waren, Nicht-Waren und öffentliche Güter. Vortrag auf der Jahrestagung des Netzwerks Privatisierung – Öffentliche Güter – Regulation, Berlin 12.-14. Dezember 2003.

schen« oder »genossenschaftlichen« Unternehmen).[38] Also: Neoliberalismus ist eine Ideologie – von Managern und Kapitaleignern für Manager und Kapitaleigner bzw. solche, die es werden wollen.[39] Verführerisch wirkt diese Ideologie durch die in allen Tonarten unablässig wiederholte Behauptung, hier werde die Vernunft, die »wirtschaftliche Rationalität« schlechthin verkündet, und nur diese Rationalität (bzw. die ihr entsprechende Rezeptur) führe zu immer höherem Wohlstand und Glück für alle. Wer immer daran etwas auszusetzen hat, ist ein Feind der Vernunft und des Menschheitsglücks. Neoliberale verkünden eine Art säkularer Ersatzreligion, den Heilsglauben and die wundertätige Kraft des »Marktes«: Für jedes ökonomische Problem, ja für jedes soziale und politische Problem, wo auch immer auf der Welt, gibt es eine Universallösung – das freie Spiel der Marktkräfte. Für alle Übel dieser Welt gibt es eine Erklärung, die stets auf dieselbe Ursache zielt: Unbefugte und Unwissende haben sich erdreistet, dem heiligen Markt, der freien Konkurrenz ins Handwerk zu pfuschen. Damit ist in der Tat der Kapitalismus selbst, ein idealer, utopischer Kapitalismus der freien Konkurrenz, zur Weltreligion erhoben worden.[40] Marx hat in seiner Analyse des »Fetischcharakters« von Ware, Geld (und Kapital, nicht zu vergessen) gezeigt, wie die von Menschen gemachte kapitalistische (Welt)wirtschaft eben diesen Menschen als eine Art »Naturgewalt«, als alles überwältigender Sachzwang erscheint. Diesen Glauben an die unüberwindlichen Sachzwänge des Weltmarkts, der internationalen Konkurrenz teilen die Neoliberalen nicht nur, sie predigen ihn geradezu. Nur sehen sie den »Markt« als eine Art von wohltätiger Naturgewalt, der man sich bedenkenlos anvertrauen dürfe. Diese Ideologie passt ausgezeichnet zu den »fetischistischen« Denkformen, die den Kapitalismus und seine Akteure seit jeher auszeichnen.

Aber die Neoliberalen heiligen nicht nur den »Sachzwang Weltmarkt«, sie verkünden eine schwarze Utopie, die Utopie des totalen Marktes – das haben sie mit den Verfechtern anderer totalitärer Ideologien gemein.[41] Man kann, man darf, man soll dem Versuch, ganze Gesellschaften, die Zukunft des menschlichen Lebens auf diesem Planeten einer Ansammlung von höchst bestreitbaren, alles andere als logischen Wahnideen zu opfern, Widerstand entgegensetzen. Dazu braucht man nicht einmal Marxist zu werden.[42] Vorläufig ist der Neoliberalismus

38 Insgesamt sind es heute weltweit über 800 Millionen Menschen, die sich ihren Lebensunterhalt in »sozialen«, »solidarischen« oder genossenschaftlichen Betrieben erarbeiten.

39 Manager oder Bürokraten sind auch in aller Regel die Nutznießer neoliberaler Rezepte. Ihre Zahl wächst unablässig auf allen Ebenen, der Neoliberalismus hat sich bisher stets und überall als ein Programm zur Durchbürokratisierung des Kapitalismus erwiesen. US-amerikanische Unternehmen haben seit jeher eine weit höhere »management-load« (oder Bürokraten-Last) als europäische oder asiatische.

40 Da die Neoliberalen einen Glauben verteidigen, sind sie auch jederzeit und überall bereit, diesem Glauben mit allen erlaubten und unerlaubten Mitteln zum Sieg zu verhelfen. Wo Neoliberale an der Macht sind, ist die Demokratie stets in Gefahr. Wo Neoliberale Jahrzehnte an der Macht waren, ist die Verwandlung alter, liberaler Demokratien in autoritäre Polizeistaaten die unvermeidliche Folge.

41 Vgl. Michael R. Krätke: Die neue Weltunordnung. Was ist neo und was ist liberal am Neoliberalismus? In: Regina Stötzel (Hg): Ungleichheit als Projekt, Marburg 1998.

42 Man soll sich also nicht zu früh freuen. Wenn der Zeitgeist sich von den Verwirrungen des Neoliberalismus erholt haben wird, sind wir den Kapitalismus und die dazu gehörenden Denkformen noch lange nicht los.

eine Denkweise und ein politisches Projekt – bestreitbar und ebenso aufhaltsam wie die angebliche »Herrschaft der Finanzmärkte«. Umso mehr, wenn man bedenkt, dass die neoliberalen Politikrezepte bisher stets und überall gescheitert sind. Es gibt kein einziges Beispiel für eine erfolgreiche Wirtschafts- und Finanzpolitik nach neoliberalem Rezept – auch nicht in der jüngeren Geschichte der USA, wo eher ein Militär-Keynesianismus (samt hemmungsloser Dollarinflation, grenzenloser Expansion der inneren und äußeren Verschuldung dank Niedrigstzinsen und höchst selektivem, hartem Protektionismus) zum Erfolg geführt hat – eine Todsünde wider das neoliberale Patentrezept.

8. Wer wird Milliardär? Und wer Maulwurf?

Die Chancen dafür sind ungleich verteilt. Man kann noch recht genau angeben, wie man relativ schnell zum Milliardär werden kann bzw. wie man es garantiert nicht wird. Wer das Pech hat, über kein Vermögen zu verfügen, keinen Kredit zu haben, wer sein Leben lang als abhängig Beschäftigter gegen Lohn arbeitet, wird selten so reich, dass er sich ein Dasein ohne Arbeit leisten kann. Einige wenige Ausnahmen – Popstars, Filmschauspieler, Bestsellerautoren, Models, Sportler – bestätigen die Regel, da diese Zeitgenossen nur reich werden können, weil andere – in der Regel Kapitaleigentümer – mit ihnen und ihren Talenten noch erheblich reicher werden können.

Die Chancen, zum Milliardär zu werden, sind nach Branchen und Regionen ungleich verteilt. Finanzmarktgeschäfte werfen oft Millionengewinne in kürzester Zeit ab, vorausgesetzt, man kann über die entsprechenden Kapitalbeträge (ebenfalls Millionen) verfügen bzw. diese kurzfristig per Kredit mobilisieren. Das ist wiederum auch nicht jedermanns Sache. Wie die ständig wiederkehrenden Skandale um Insidergeschäfte zeigen, stehen die Chancen auf wirkliche Millionengewinne für diejenigen am besten, die Märkte manipulieren können, also über entsprechende Marktmacht oder eben überlegene Marktkenntnis oder -vorkenntnis verfügen.

Neben der internationalen kriminellen Ökonomie – dem am stärksten »globalisierten« Bereich der kapitalistischen Weltwirtschaft[43] – kann man Milliardären und solchen, die es noch werden wollen, einige Branchen bzw. Geschäfte empfehlen. Z. B. (legale) Waffengeschäfte mit den allzeit rüstungswilligen Staaten, Immobiliengeschäfte, Handel mit Devisen, Handel mit Derivaten, und – last not least – Übernahme- und Fusionsgeschäfte, also das Kaufen und Verkaufen ganzer Unternehmen, die dann aufgeteilt, neu kombiniert oder ausgeschlachtet, abgewrackt und Stück für Stück weiter verkauft werden.[44] Dazu empfiehlt es sich jeweils, das nötige Kleingeld schon mitzubringen, und bitte nicht zu knapp. Sonst klappt es nämlich nicht mit dem Kredit, mit dem alle wirklich lukrativen Millionen- und Milliardengeschäfte heutzutage in aller Regel gemacht werden.[45]

Die Metapher vom Maulwurf stand einmal für »die Revolution«, die sich als eine Art von gesellschaftlicher Elementarkraft unterirdisch voran wühle und gelegentlich, unregelmäßig, unvorhersehbar, aber immer wieder an die Oberfläche

43 Vgl. Michael R. Krätke: Gewalt und Ökonomie. Die Halb- und Unterwelten des Weltmarkts, in: Loccumer Initiative (Hg): Gewalt und Zivilsation in der bürgerlichen Gesellschaft, Hannover 2001.

44 Die explosionsartige Zunahme derartiger Übernahmegeschäfte in jüngster Zeit hängt mit der anhaltenden, strukturellen Überakkumulation des Kapiatls in so gut wie allen Weltmarktindustrien zusammen. Fusionen und Übernahmen sind zur wichtigsten Form der Kapiatlinvestition geworden. Nicht wenige dieser Übernahmegeschäfte sind reine Konkurrenzmanöver, die der Stillegung von Überkapazitäten in einer Branche bzw. der Ausschaltung lästiger Konkurrenz dienen.

45 Insbesondere auf den Finanzmärkten gehört es seit jeher zum guten Ton, nicht sein eigenes Geld zu riskieren, sondern füglich das anderer Leute.

und zum »Ausbruch« komme. Auch Rosa Luxemburg hat dies altehrwürdige Bild vom braven Maulwurf Revolution gebraucht. Aber mit solchen Bildern schafft man einen Mythos, keinen klaren Kopf. Reden wir lieber von den Maulwürfen im Plural, also von den subversiven, antikapitalistischen Bewegungen in der bürgerlichen Gesellschaft, die wieder und wieder zu Revolten und Rebellionen führen. Wo kommen heute noch Maulwürfe, also Rebellen gegen die herrschende Ordnung her? Sie sind überall, und im Unterschied zu den possierlichen Tierchen, die Hobbygärtner und Agro-Unternehmer ärgern, ist es in der langen Geschichte des Kapitalismus noch nie gelungen, den Anti-Kapitalismus auszurotten. Er bricht immer wieder, in unterschiedlichsten Formen auf, solange die kapitalistische Produktionsweise besteht.

Es gibt Konjunkturen der Revolten und Rebellionen, aber sie kommen unweigerlich zurück, da ihre Ursachen im Kapitalismus ständig aufs neue reproduziert werden. Im Weltmaßstab betrachtet, ist es auch dem mobilsten Kapital bisher noch nicht gelungen, den Revolten und den organisierten Rebellionen, die es selbst hervorruft, auf Dauer zu entkommen. Immer wenn das Kapital abwanderte, die Produktion in Länder oder Regionen verlagerte, wo die Löhne niedrig, die Arbeiter so gut wie rechtlos und unorganisiert waren, geschah nach einiger Zeit das gleiche: Die Arbeiter begannen, individuell und kollektiv, sich gegen ihre Unterwerfung und Ausbeutung zu wehren – am Ende stets auch in organisierter Form. Mit der Abwanderung des Kapitals, mit der räumlichen Verlagerung der kapitalistischen Produktion werden die der kapitalistischen Produktionsweise eigentümlichen Konflikte und Kämpfe nur verlagert und verschoben, nicht aufgehoben.[46] Immer schon, auch im 19. und 20. Jahrhundert, gab es Gegenbewegungen gegen die Entfesselung der »Märkte«, gegen die zerstörerischen Folgen des Kapitalismus. Es gibt sie auch heute.

46 Vgl. dazu Beverly Silver: Forces of Labour. Arbeiterbewegungen und Globalisierung seit 1870, Berlin u. a., 2005.

9. Und das Ende der Geschichte: Wann endlich kommt der große Kladderadatsch und ist der Kapitalismus zu Ende?

Der eine große Kladderadatsch, die finale Weltkrise ist und bleibt ein Mythos. Ebenso wie die Vorstellung einer jahrzehntelang andauernden »allgemeinen Krise« des Kapitalismus. Völlig ausweglose Situationen gibt es für dieses Wirtschaftssystem nicht. Absolute Grenzen des Kapitalismus werden immer wieder entdeckt – in jüngster Zeit sind es die natürlichen Grenzen der Umwelt bzw. der verfügbaren fossilen Brennstoffe.[47] Allein schon der Sachzwang ständig steigender Öl- und Erdgaspreise bringt die kapitalistischen Mächte dazu, nach Alternativen zu suchen, die alle schon vorhanden und wohlbekannt sind. In Zeiten großer Krisen haben die Protagonisten des Kapitalismus es mitunter verstanden, erfinderisch und klug zu sein, neue Formen und neue Kombinationen innerhalb der kapitalistischen Logik hervorzubringen, zu experimentieren; in manchen dieser Formen weist und treibt die kapitalistische Produktionsweise bereits »über sich hinaus«, wie der Anti-Utopist Marx stets behauptet hat.[48]

Der Kapitalismus, das hat Rosa Luxemburg sehr scharf und klar gesehen, geht sicher nicht an seinen langfristigen Tendenzen, etwa am berühmten Fall der Profitrate zugrunde.[49] Auch Marx sprach nie vom Kollaps oder Zusammenbruch des Kapitalismus; ein »Zusammenbruchsgesetz« gibt es in der Marxschen Kritik der Politischen Ökonomie nicht, obwohl manche Marxfreunde sich darauf versteift haben.[50] Auch die größten Krisen lassen sich überwinden, wenn auch mit enormen Kosten und Verlusten. Das Kapital kann sich mit dauerhaft niedrigeren Profiten ebenso arrangieren wie mit dauerhaft geringerem Energieverbrauch, es kann mit dauerhaft niedrigeren Wachstumsraten leben. Es kann ausgezeichnet leben mit dauerhafter Massenarbeitslosigkeit und Massenarmut. Es kann sich auf die Begrenztheit der natürlichen Ressourcen der Erde durchaus einstellen, wenn auch nicht ohne heftige Verteilungskämpfe. Es gibt kurzum keine eherne ökonomische Notwendigkeit für einen »Zusammenbruch« des Kapitalismus. Allerdings wird

47 Vgl. Elmar Altvater: Das Ende des Kapitalismus wie wir ihn kennen. Eine radikale Kapitalismuskritik, Münster 2006. In der Geschichte des industriellen Kapitalismus hat es mehrere Energiekrisen gegeben – die erste industrielle Revolution kam erst in Gang, als die Brennstoffkrise infolge des akuten Mangels an Brennholz durch die Verwendung von Steinkohle und die Entdeckung des Koks überwunden wurde. Alternative Energien sind immer wieder zum Zuge gekommen - so die Windkraft zu Lande, die in großem Stil erst eingesetzt werden konnte, als die Windmühlen mit Dampfmaschinen kombiniert werden konnten.

48 Vgl. Michael R. Krätke: Jenseits des Kapitalismus – oder Wo die kapitalistische Entwicklung über sich hinausweist, in: Marcus Hawel, Gregor Kritidis: Aufschrei der Utopie. Möglichkeiten einer anderen Welt, Hannover 2006.

49 Sie hat über diese noch immer weit verbreitete Ansicht gespottet: Da für große Kapitale der Fall der Profitrate durch den Anstieg der Profitmasse kompensiert werden könne, hat es »mit dem Untergang des Kapitalismus am Fall der Profitrate noch gute Wege, so etwa bis zum Erlöschen der Sonne« (Rosa Luxemburg: Antikritik, in: dies.: Gesammelte Werke. Bd. 5, S. 446). In der Tat. Eine langfristig fallende Profitrate führt nicht zur Großen Krise – fallende Profitraten sind vielmehr Symptom und Folge einer Krise – sondern zu härteren, mit allen Mitteln geführten Verteilungskämpfen.

50 Vgl. dazu: Henryk Grossmann: Das Akkumulations- und Zusammenbruchsgesetz des kapitalistischen Systems, Leipzig 1929 (Nachdruck Frankfurt a. M. 1967).

uns der gegenwärtige Kapitalismus in naher Zukunft weitere soziale und ökologische Katastrophen bescheren – ebenso wie weitere Finanzkrisen und lang andauernde wirtschaftliche Depressions- und Stagnationsperioden.

Die Gefahr besteht darin, dass der Kapitalismus nicht nur sich selbst schädigt, nicht nur gesellschaftlichen Reichtum, Kapital und Privatvermögen, Arbeitsplätze, ganze Produktionsanlagen, ganze landwirtschaftliche und industrielle Regionen zerstört und vernichtet, sondern auch die Grundlagen des gesellschaftlichen Lebens, die »Springquellen allen Reichtums« angreift: »die Erde und den Arbeiter«, wie Marx klar gesehen hat.[51] Gegen die Bedrohung der Lebensgrundlagen aller durch die verdrehte »Rationalität« des Kapitalismus kann, soll und muss sich die Gesellschaft zur Wehr setzen; sie hat es in der Geschichte des Kapitalismus immer wieder getan.[52] Leider kommt der »gesellschaftliche Verstand« in kapitalistischen Gesellschaften in der Regel erst »post festum« zum Zuge, nachdem die Krisen und Katastrophen eingetreten sind. Solange sich Arbeitslosigkeit, Verelendung und Naturzerstörung noch exportieren, außerhalb der kapitalistischen Kernländer abladen lassen, sind höchst faule »historische Kompromisse« (auf Kosten der Peripherie) immer (noch) möglich.

Das Ende des Kapitalismus kommt erst, wenn seine Legitimität nicht mehr fraglos gilt, wenn der Schein der Selbstverständlichkeit und Alternativlosigkeit dieses Wirtschaftssystems auf breiter Front durchbrochen worden ist.[53] Wenn also die »Rationalität« und die daraus folgenden Imperative dieser Wirtschaftsform nicht mehr widerspruchslos akzeptiert, sondern ihre Absurdität, ihre Unsinnigkeit, ja ihre Ungehörigkeit begriffen werden. Das Ende des Kapitalismus kommt mit dem »enormen Bewusstsein«, dass dies nicht die beste aller möglichen Welten ist, sondern im Gegenteil – eine Welt, die weit hinter ihren zivilisatorischen Möglichkeiten zurückbleibt, eine Welt-Unordnung, die das »gute Leben« und die »wirkliche Freiheit« für alle gerade verhindert und beschädigt. Eine ökonomische Weltunordnung zudem, die die (politische und soziale) Demokratie immer wieder im Kern bedroht (und die Wirtschaftsdemokratie ausschließt). In seinem ziel- und maßlosen Selbstlauf sorgt der Kapitalismus dafür, dass die ökonomischen Krisen, die sozialen und ökologischen Katastrophen, die er erzeugt, den Leuten dies Bewusstsein schon näher bringt. Das geschieht natürlich nicht von allein, nicht automatisch. Die ständige, radikale Kritik der kapitalistischen Verhältnisse und ihrer Folgen ist dazu nötig – und diese Kritik braucht Kraft und einen langen Atem.

Wir wissen aus der international vergleichenden Revolutionsforschung, dass Revolutionen in der Tat wie »Naturereignisse« über die jeweiligen Zeitgenossen gekommen sind. Niemand sah sie voraus, niemand erwartete sie, niemand war

51 Vgl. Karl Marx: Das Kapital, Bd. 1, in: MEW 23, S. 530.

52 Vgl. Karl Polanyi: The Great Transformation. Politische und ökonomische Ursprünge von Gesellschaften und Wirtschaftssystemen, Frankfurt a.M. 1978 (zuerst 1944 in englischer Sprache).

53 Wer Sinnsprüche liebt: An die Stelle der berühmten TINA (There is No Alternative) Formel der eisernen Lady Thatcher kann die Formel treten, die eine weit charmantere und intelligentere Lady, nämlich Susan George, geprägt hat: TATA (There are Thousands of Alternatives). Das lässt uns die Qual oder Lust der Wahl.

wirklich darauf vorbereitet. Das gilt für die französischen Revolutionen des 18. und 19. Jahrhunderts ebenso wie für die »große Zeitenwende« von 1989/90. Auch die Wende in Lateinamerika in allerjüngster Zeit hat niemand erwartet oder vorausgesehen, ebenso wenig wie den erstaunlichen Aufschwung der weltweiten Bewegung gegen die kapitalistische Globalisierung und das neoliberale Einheitsdenken. Allerdings – da hatte Lenin schon recht – sollte man sich nicht nur überraschen lassen, sondern selbst auch für Überraschungen sorgen.

Geschichte des modernen Kapitalismus – das Problem

Die Geschichte des Kapitalismus, sein Anfang und Ende und vor allem die Einteilung der Jahrhunderte dauernden kapitalistischen Entwicklung in Perioden und Epochen bleiben umstritten. Um die Gegenwart des Kapitalismus genau bestimmen und begreifen zu können, muss man seine Geschichte kennen. Wenn man nicht in Daten, Zahlen, Fakten oder in Geschichten untergehen will, ist eine Periodisierung, die theoretisch wohl begründete und stimmige Einteilung der Geschichte des Kapitalismus in große »Epochen« (unterschiedlicher Dauer, mit unterschiedlichen räumlichen Schwerpunkten) unumgänglich. Die gängigen, schlechten Dreiklänge – z. B. Präfordismus, Fordismus, Postfordismus oder Prämoderne/Moderne/Postmoderne – sind davon weit entfernt und beruhen in der Regel auf historischen Legenden (wie der des »Fordismus« im Fall der »Regulationstheorie«).

Die kapitalistische Entwicklung bringt selbst eigentümliche Brüche und Sprünge hervor, die man zur Periodisierung nutzen kann – die regelmäßig wiederkehrenden Zyklen in der Bewegung der kapitalistischen Ökonomien. Die wichtigsten davon sind Krisenzyklen. Seit 1815 kann man eine zyklische Bewegung in den kapitalistischen Ländern Europas konstatieren (auch wenn dort die kapitalistische Produktionsweise noch keineswegs überall und vollständig herrscht): die Bewegung, die in regelmäßiger Folge durch die Phasen der Prosperität, Hochkonjunktur, Krise, Depression und Erholung führt. In fast regelmäßigen Abständen werden erst die europäischen Ökonomien, seit 1857, der ersten wirklichen Weltwirtschaftskrise in der Geschichte des modernen Kapitalismus, auch die außereuropäischen, überseeischen Länder von einer Krise erschüttert. Man kann also ab dem frühen 19. Jahrhundert die Geschichte des Kapitalismus in etwa zehnjährige Krisenzyklen einteilen.

Vor allem die Großen Krisen und Depressionen eignen sich dazu, die mit dem Phänomen der »langen Wellen« zusammenhängen. Perioden langer, schwerer Depression und heftiger Krisen, die nur von kurzen und schwachen Prosperitäten unterbrochen werden, wechseln mit Perioden langer und glänzender Prosperitäten, die nur durch kurze und milde Depression und kleine Krisen (Rezessionen) gestört werden. Nach dem Übergang zum industriellen Kapitalismus im 19. Jahrhundert tritt die erste Große Depression von 1873 bis 1895 ein, darauf folgt eine lange Prosperitätsphase – das »goldene Zeitalter« des europäischen Industriekapitalismus und Imperialismus. Die zweite Große Depression, die schwerste in der uns bekannten Geschichte des Kapitalismus, beginnt mit der Krise von 1929, die in kürzester Zeit zum Zusammenbruch der kapitalistischen Weltökonomie führt. Ihr folgt nach dem Zweiten Weltkrieg eine neue Phase lang andauernder Prosperität – ein zweites »goldenes Zeitalter« des industriellen Kapitalismus unter amerikanischer Hegemonie. Das mündet nach fast dreißig Jahren in eine erneute Periode schwerer und lang andauernder Krisen und Depressionen, die nur von kurzen (spekulativen) Prosperitäten unterbrochen werden. Wir befinden uns heute am – höchst unsicheren – Ausgang dieser Periode, die bereits gut dreißig Jahre gedauert hat.

Wollen wir die gesamte Geschichte des Kapitalismus in einer Periodisierung erfassen, dann müssen wir uns entweder auf die »langen Wellen« einlassen (das ist höchst unsicher und trügerisch wegen der Datenlage, eine Wirtschaftsstatistik gibt es in Ansätzen erst seit der zweiten Hälfte des 19. Jahrhunderts), oder wir müssen in großen Epochen denken: Sombart entwarf in seinem zweibändigen Werk über den modernen Kapitalismus (1902) ein historisches Panorama vom Aufstieg, Blütezeit und Niedergang des Kapitalismus in drei aufeinander folgenden Perioden: Frühkapitalismus, Hochkapitalismus und dann Späkapitalismus, die Phase des Niedergangs oder des Alters. Ein gängiges Schema in der romantischen Geschichtsschreibung, die Analogien zum organischen Leben seit jeher liebt. »Spätkapitalismus« ist seit Sombart auch bei Marxisten eine beliebte Vorstellung, die das Versprechen vom nahenden, unausweichlichen Ende des Kapitalismus enthält (vgl. z. B. Ernest Mandels große Studie von 1972, *Der Spätkapitalismus*). Im Gegensatz dazu standen und stehen Versuche, der Erneuerungsfähigkeit des Kapitalismus Rechnung zu tragen – er wandelt sich und bleibt doch er alte, ohne dass ein Niedergang festzustellen oder ein Ende absehbar sei (so die Debatten zum Neo-Kapitalismus und Neo-Imperialismus der 1960er Jahre). Es ist ein bis heute gängiges ideologisches Muster, das Ende, die endgültige Überwindung des Kapitalismus in der jeweiligen Gegenwart zu behaupten – das Jenseits des Kapitalismus sei schon erreicht, die Gesellschaft längst »klassenlos«; oder aber einzelne Varianten des Kapitalismus (z. B. der »Managerkapitalismus« oder »Aktionärskapitalismus«) hätten »gesiegt«. In diesen Versuchen wird in aller Regel ein historisch höchst fragwürdiges Bild des »alten« Kapitalismus oder des Kapitalismus des »19. Jahrhunderts« (den Marx angeblich noch ganz treffend beschrieben habe) gezeichnet.

Im Marxismus-Leninismus wurde eine andere Periodisierung zum Kanon erhoben: Auf die behauptete Periode des »Kapitalismus der freien Konkurrenz« (Konkurrenzkapitalismus) sollte die Periode des »Monopolkapitalismus« folgen, die in den Jahrzehnten nach dem Zweiten Weltkrieg von der Periode des »Staatsmonopolistischen Kapitalismus« abgelöst wurde. An diesem Schema orientierten sich Generationen von Marxisten/Sozialisten überall auf der Welt, auch wenn es Abweichler gab. Hilferding z. B., dessen große Studie über das *Finanzkapital* von 1910 den Anstoß zur klassischen marxistischen Imperialismus-Debatte gegeben hatte, sah 1915 eine neue Epoche kommen, die des »organisierten« Kapitalismus. Seither gab es immer wieder Versuche, die Tatsache der zunehmenden staatlichen Intervention und Regulierung, des zunehmenden Gewichts des Staats wie anderer politischer Organisationen in der kapitalistischen Ökonomie auf einen adäquaten, Perioden/Epochen spezifischen Begriff zu bringen.

Unsere heutige Situation, unser aktueller Streit um die Frage, was sich eigentlich dank der jüngsten Entwicklung des Kapitalismus verändert hat und ob diese

Veränderungen so gravierend sind, dass wir mit Recht von einem Epochenbruch, vom Beginn einer neuen Epoche und einem Ende des Kapitalismus, wie wir ihn kannten, sprechen können, ist schon des Öfteren da gewesen. Der Streit um den »Imperialismus«, der seit Anfang des 20. Jahrhunderts geführt wurde, wie der Streit um den »neuen Imperialismus« unserer Tage haben eine ähnliche Bedeutung – bei größerer Reichweite. Steht hier doch die Bestimmung der eigentümlichen, periodenspezifischen Charakteristika der gesamten, kapitalistisch dominierten, aber nicht durch und durch kapitalistischen Weltökonomie an; das schließt ein theoretisch wie empirisch wohl informiertes Urteil über die Besonderheiten und die Vielfalt der (nationalen, regionalen) Kapitalismen in der heutigen Welt ein.

Die Schwierigkeit geht zu einem guten Teil auf Marx zurück. Im *Kapital* (bzw. in den zahl- und umfangreichen Vorarbeiten dazu, von den *Grundrissen* aus dem Jahre 1857/58 bis zu Marx' letzten Manuskripten aus den 1880er Jahren) findet sich sowohl die Konzeption eines »reinen« oder »idealen« Kapitalismus als auch die Vorstellung einer »klassischen« Gestalt und einer »klassischen« Entwicklungslinie des Kapitalismus in Europa. Marx nahm als Beispiel dafür Großbritannien, das industriell am höchsten entwickelte Land und die den Weltmarkt beherrschende kapitalistische Nation, und behauptete, das »industriell entwickeltere« Land zeige den weniger entwickelten nur ein Bild ihrer eigenen Zukunft. Gleichzeitig aber enthält seine allgemeine Theorie des modernen Kapitalismus nicht nur zahlreiche Aussagen über notwendige, langfristige Entwicklungstendenzen jeder kapitalistischen Ökonomie (manche in der Form von »allgemeinen Gesetzen«), sondern auch etliche Andeutungen auf eine Periodisierung – keineswegs nur im Sinne von »niedriger« oder »höher«, »weniger« oder »mehr« kapitalistischer Entwicklung, auch im Sinne von qualitativ unterscheidbaren Perioden der Geschichte des Kapitalismus (Manufakturperiode, Periode der Großen Industrie). Marx' Studien von 1868 bis 1882 zeigen, dass er sich der Verschiedenheit der Kapitalismen in der Welt wohl bewusst war und unterschiedliche Wege der kapitalistischen Entwicklung (z. B. in Russland im Vergleich zu den USA) für möglich hielt. Nach wie vor ist die stimmige Vermittlung von Theorie und Geschichte des Kapitalismus eines der dringlichsten, ungelösten Probleme in der Marxschen Theorie.

Rosa Luxemburg war in dieser Hinsicht pragmatisch. Im Revisionismusstreit verteidigte sie, mit ähnlichen Argumenten wie Karl Kautsky, damals das Haupt der marxistischen Orthodoxie, die Gültigkeit der Marxschen Theorie gegen seine Kritiker: Bernstein et. al. hatten sich gewaltig verschätzt, was die angeblich grundstürzende Bedeutung der »neuen« Elemente des Kapitalismus der 1890er anging. Sie war von den Phänomenen des Imperialismus in seiner Hochzeit (1870 bis 1914) beunruhigt, da sie dafür keine stimmige Erklärung im Kontext der Marxschen Theorie fand. Daher versuchte sie eine eigne theoretische Antwort auf die Frage: Warum gibt es Imperialismus? Allerdings vertrat sie die Ansicht, dass mit der Epoche des Imperialismus und der kapitalistischen Durchdringung der ganzen Welt auch der Anfang vom Ende des Kapitalismus gekommen sei, da der Kapitalismus als Weltsystem nicht überleben könne.

Zeittafel zur Geschichte des Kapitalismus

1494	Vertrag von *Tordessilas* – Aufteilung der »neuen Welt« zwischen Spanien und Portugal, sanktioniert vom Papst
	A
1500-1765	**Periode des Handelskapitalismus, der Handels- und Kolonialimperien der europäischen Staaten**
1503	In Sevilla wird die *Casa de Contratacion* gegründet, die das Monopol des Handels mit den amerikanischen Kolonien besitzt
1500-1660	ungefähr 25 000 Tonnen Silber und 200 Tonnen Gold werden aus den spanischen Kolonien in Amerika nach Europa verschifft
ab 1530	Ausbreitung des so genannten *Verlagssystems (domestic* oder *putting out system*) in Flandern, Norditalien, England, im Rheinland
1602	Gründung der VOC (der *Vereenigde Oostindische Compagnie*)
1603	Erster *enclosures* act in England, der die private Aneignung der *Commons* im *openfield* erlaubt
1651	Navigationsakte – Monopolisierung des Seetransports
1662	Colbert gründet die ersten königlichen Manufakturen
1694	Gründung der Bank von England
1696	Gründung des *Board of Trade* (Handelsministerium) in England
1716-1721	John Laws Bank- und Börsenexperimente in Paris
1735	Erfindung eines Verfahrens zur Verwandlung von Steinkohle in Koks durch Abraham Darby
1757	Erfindung eines Verfahrens zur exakten Bestimmung des Längengrads auf hoher See

B

1765-1860	**Erste industrielle Revolution**
1765	Hargreaves erfindet die *spinning jenny*
1769	John Watt beantragt das Patent für seine Dampfmaschine
1771	Arkwright erfindet den *waterframe*
1776	Adam Smith publiziert den *Wealth of Nations*
1775-1783	Amerikanischer Unabhängigkeitskrieg – Beginn der ersten Periode der Dekolonisierung
1779	Erfindung der *mule-jenny* (Kombination der früheren Erfindungen zu einer leistungsfähigen Spinnmaschine)
1787	Erste offizielle Abschaffung der Sklaverei in England
1789-1794	Französische Revolution
1800	Gründung der *Banque de France*
1810-1827	Dekolonisierung in Lateinamerika
1810	Erfindung der Konservendose
1814	Die erste Dampflokomotive fährt
1830-1831	Die ersten Eisenbahnlinien: Liverpool – Manchester, Lyon – St. Etienne
1831	Aufstand der *canuts* (Seidenweber) in Lyon
1837-1842	Chartistenbewegung in England
1838	Erfindung und Einführung der eisernen Dampfschiffe
1839-1842	Opiumkrieg, in dem China zur Öffnung seiner Märkte gezwungen wird
1851	Erste Weltaustellung in London

	Im selben Jahr wird die Nähmaschine erfunden (Singer in den USA)
1852	Eröffnung des ersten großen Warenhauses in Paris
1857/58	Erste Weltwirtschaftskrise

C

1860-1914	**Zeitalter des Imperialismus, der neuen Industrieländer und der zweiten industriellen Revolution**
1864-1876	Die Stahlerzeugung wird durch eine Reihe von Erfindungen revolutioniert
1866	Erstes transatlantische Telegraphenkabel
1868	Beginn der Meiji-Restauration in Japan
1869	Eröffnung des Suez-Kanals
1869-1877	Erfindung und Einführung der ersten Elektromotoren
1871	Pariser Kommune
1873	Beginn der Großen Depression (sie endet erst 1895)
1879	Erste internationale Konvention über die Patentrechte
1881	Erstes Elektrizitätswerk in Großbritannien
1880-1902	Wettlauf zwischen den europäischen Groß- und Mittelmächten um die Aufteilung/Kolonisierung der Welt
1883-1889	Erste staatliche Sozialversicherungen für Arbeiter in Deutschland
1890	Sherman Anti-Trust Gesetze und protektionistischer McKinley Zolltarif in den USA
1891-1894	Wirtschaftskrise in den angelsächsischen Ländern

1895	Beginn einer langen Prosperitätsperiode (bis 1914)
1898	Die USA betreten die Weltbühne als imperialistische Macht
1908	Der Ford T, das erste standardisierte Automobil, wird in den USA in Großserie gebaut

D

1914-1945	**Die große Krise des Kapitalismus**
1914-1918	Erster Weltkrieg
1918-1921	Antikapitlistische Revolutionen in Russland, in Ost- und Mitteleuropa
1920-1921	Weltwirtschaftskrise
1920-1923	Nachkriegsinflation und internationale Währungskrise
1925-1928	Zwischenkonjunktur der »Goldenen Zwanziger Jahre«
1926	Erfindung des Fernsehens
1928	Start des ersten Fünfjahrplans in der Sowjetunion
1929	Am 24. Oktober, dem »schwarzen Donnerstag«, Börsenkrach in New York – Beginn der bisher schwersten Weltwirtschaftskrise in der Geschichte des Kapitalismus
1932-1933	Tiefpunkt der Weltwirtschaftskrise – die kapitalistische Weltökonomie bricht zusammen
1933	Beginn des Nazi-Regimes in Deutschland
1935	New Deal in den USA
1936-1938	Volksfrontregierung in Frankreich
1937	Erfindung des Radar und der Farbfotografie

1936-1939	Spanischer Bürgerkrieg
1939-1945	Zweiter Weltkrieg (der in Asien schon drei Jahre vorher beginnt)
1944	Konferenz von Bretton Woods

E

1945-1971	**Die große Expansion und die Hegemonie der USA**
1945-1951	Labour-Regierung in Großbritannien, Beginn des Welfare state
1946-1947	IWF und Weltbank beginnen zu arbeiten
1947	Beginn des Marshall-Plans
1948	Ratifizierung der Havana-Charter, die Internationale Handelsorganisation scheitert, es bleibt das GATT
1957	Gründung der EWG
1958	Konvertibilität der DM – Mark (der Yen folgt 1962)
1960-1970	Grüne (Agrar)Revolution in den Ländern der »Dritten Welt«
1962	Beginn der Gemeinsamen Agrarpolitik in der EWG
1968	Dollar-Krise, Weltweite Studentenrevolte, Prager Frühling
1969	Heißer Herbst in Italien
1971	Anfang vom Ende des Bretton Woods Systems (offiziell erst 1975, nach vielen Rettungsversuchen, aufgekündigt)

F

1971 bis heute	**Krise des internationalen Währungssystems, lange Depression, vorläufig jüngste Phase der »Globalisierung«**
1973	erste »Ölkrise« (Ölpreiserhöhung durch die OPEC-Staaten)
1975	Offizielles Ende des Bretton Woods Systems, November erstes Treffen der G-5 Staaten (kurz darauf erweitert zur G-7)
1979	Zweite »Ölkrise«, Margaret Thatchers lange Regierungsperiode beginnt in Großbritannien
1981	Der erster PC (Personal Computer) von IBM kommt auf den Markt
1982	Beginn der Reaganomics – schwere Wirtschaftskrise in den USA
1985/87	Dollarkrisen und Rettungsversuche durch die G-3
1987	Börsenkrach in New York (vergleichbar dem Krach von 1929)
1986-1993	Uruguay – Runde des GATT
1989/90	Zerfall der Sowjetunion beginnt, das »sozialistische Lager« beginnt sich aufzulösen
1992	Schwere Krise des Europäischen Währungssystems
1995	Die neue Welthandelsorganisation (WTO) nimmt die Arbeit auf
1997	Finanzkrise in Asien
1998	Finanzkrise in Russland und in Brasilien
1999	Seattle Tagung des Ministerrats der WTO – Beginn der weltweiten Protestbewegung gegen die »Globalisierung«
1999-2001	Einführung des Euro
2000/2001	Untergang der »new economy« im riesigen Börsenkrach

Kapitalismus – das Wort und seine Geschichte

Kapitalismus ist ein Neologismus, der in der ersten Hälfte des 19. Jahrhunderts in der politischen Sprache Englands und Frankreichs aufkam. Um 1870, also nach dem Erscheinen des ersten Bandes von Marx' *Kapital*, in dem dieser Terminus nicht auftaucht, wurde er auch in Deutschland gelegentlich benutzt. Erst nach 1900 setzte er sich allmählich durch und wurde zu einem Grundbegriff der Politik und der Sozialwissenschaften. Heute wird er weltweit gebraucht – und in aller Regel gilt Marx als der Autor, dem der Begriff des Kapitalismus zu verdanken sei.

In Pierre Leroux' Schrift gegen die klassischen Ökonomen (*Malthus et les economistes, ou y aura-t-il toujours des pauvres?*), zuerst 1848 erschienen, ist am Rande vom capitalisme die Rede – und zwar im Sinn von »Macht der Kapitalisten«. Louis Blanc verwendet den damals ganz ungewöhnlichen Ausdruck in der 9. Auflage seiner Schrift *Organisation du Travail* (1850), und zwar im Sinne von exklusivem Besitz des Kapitals durch eine Minderheit.

Ab Anfang der 1850er Jahre lässt sich der Gebrauch des Terminus »Kapitalismus« (mit wechselnder Bedeutung) bei verschiedenen englischen (William Thackeray 1854) und französischen (Blanqui, Proudhon) Schriftstellern nachweisen.

Marx verwendet den Begriff des Kapitalismus so gut wie nicht; er taucht nur in einigen seiner Schriften gelegentlich auf. Insgesamt viermal. Und zwar nur in Manuskripten, die zu Marx' Lebzeiten nie veröffentlicht wurden. Im Manuskript von 1861 bis 1863, aus dem die *Theorien über den Mehrwert* stammen, gebraucht er den Ausdruck *Capitalismus* einmal, aber nicht eindeutig. Aus dem Kontext ergibt sich, dass sowohl der »maßlose Bereicherungs-, Kapitalisationstrieb der Kapitalisten« als auch der Gesamtprozess der Kapitalakkumulation gemeint sein kann (vgl. MEW 26.2, S. 493; MEGA2 II/3.3, S. 1114). Im Manuskript von 1865, der ersten Fassung des späteren zweiten Buchs des *Kapital*, spricht Marx vom »Trieb des *Capitalismus*«, der sich erst in der kapitalistischen Produktionsweise völlig entwickele. Gemeint ist die Neigung der Kapitalisten, grenzenlos zu akkumulieren, statt sich dem Genuss des erworbenen Reichtums hinzugeben, also so etwas wie ein »Trieb zur Akkumulation« (vgl. MEGA2 II/4.1, S. 358). Im Konspekt zu Bakunins Buch *Staatlichkeit und Anarchie*, geschrieben 1875, taucht die Bezeichnung Kapitalismus einmal auf (vgl. MEW 18, S. 610). Dies ist die einzige Stelle, wo Marx, Bakunin kommentierend, den Terminus im heute geläufigen Sinn verwendet, also als Kurzformel für das, was er sonst stets »kapitalistische Produktionsweise« genannt hat und bis zu seinem Tode so nannte. In den Manuskripten zum zweiten Buch des *Kapita*l aus den 1870er Jahren findet sich der Terminus noch einmal, in einer Note aus dem Jahre 1877 (vgl. MEW 23, S. 123 und MEGA2 II/11.2, S. 682) – wiederum im Sinn von »Akkumulationstrieb« oder Akkumulationsmotiv der Kapitalisten im Gegensatz zum »Genuss als treibendes Motiv« der Produktion.

Marx spricht zunächst, in den 1840er Jahren, von der »bürgerlichen Produktionsweise«, den »bürgerlichen Produktionsverhältnissen« oder der »Produktionsweise der Bourgeoise«. In den *Grundrissen* (1857-58) beschreibt er seinen Untersuchungsgegenstand als die »auf das Capital gegründete Productionsweise«, die vom Kapital »beherrschte Productionsweise« oder die »Productionsweise des Capitals«. Ab 1861 verwendet er den Begriff »kapitalistische Produktionsweise«, »kapitalistische Produktionsverhältnisse« oder kurz »kapitalistische Produktion«. Marx' Hauptwerk »Das Kapital« (in drei Bänden, der erste erschien 1867, der zweite und dritte, aus Marx' nachgelassenen Manuskripten zusammengestellt und herausgegeben von Friedrich Engels, erschienen 1885 und 1894) behandelt die

Karl Marx, um 1875

»kapitalistische Produktionsweise«, genauer die »Gesellschaften, in welchen kapitalistische Produktionsweise herrscht«, wie es gleich im ersten Satz des ersten Kapitels heißt (vgl. MEW 23, S. 49).

Dass Marx' den Ausdruck »Kapitalismus« mied, ist kein Zufall. Er wollte die Wissenschaft der politischen Ökonomie revolutionieren, und er wollte der »falschen Kritik der politischen Ökonomie« durch seine linken Zeitgenossen eine richtige, radikale Kritik entgegensetzen. Dazu musste er auch eine neue Begriffssprache schaffen. Wenn Marx also den ihm aus der zeitgenössischen sozialistischen Literatur bekannten Terminus Kapitalismus nicht zum Begriff erhob, dann war das als (implizite) Kritik am Sprachgebrauch der französischen, utopischen Sozialisten zu verstehen.

1867, im Erscheinungsjahr des ersten Bandes des *Kapital*, wurde im maßgeblichen Wörterbuch der französischen Sprache, im Larousse, der Neologismus Capitalisme zum ersten Mal aufgeführt – mit einem deutlichen Verweis auf Proudhon und der Erläuterung, die Macht des Kapitals und der Kapitalisten sei gemeint. Führende Kathedersozialisten wie Albert Schäffle (*Kapitalismus und Sozialismus*, 1870) oder Carl Rodbertus-Jagetzow (*Zur Erklärung und Abhülfe der Creditnoth des Grundbesitzes*, 1869) machten den neumodischen Ausdruck in Deutschland rasch bekannt. Schäffle setzte seinen Begriff des »Kapitalismus« sogar explizit ab gegen den »engeren« Begriff ab, den er bei Marx, im ersten Band des *Kapital*, gefunden zu haben meinte. Seit Anfang der 1870er Jahre kam der Ausdruck bei sozialistischen, auch bei katholischen und konservativen Schriftstellern in Schwang – in eindeutig sozialkritischer Absicht. Mit »Kapitalismus« waren die bedrohlichen, empörenden, beunruhigenden Auswüchse der zeitgenössischen Ökonomie gemeint (oft in Wortverbindungen wie »Moloch Kapitalismus«).

Erst mit Werner Sombarts großer Untersuchung *Der moderne Kapitalismus*, die zum ersten Mal 1902 in zwei Bänden erschien und die zugleich die Theorie und die Geschichte des Kapitalismus, seiner Entstehung und Entwicklung wie seines Niedergangs behandeln sollte, fand der Ausdruck Eingang in die Sprache der Sozialwissenschaften. Max Weber hat ebenso sehr dazu beigetragen, dem »Kapitalismus« als sozialwissenschaftlichem Begriff, mit dem eine bestimmte Wirtschaftsform und eine bestimmte Epoche der Wirtschaftsgeschichte erfasst und bezeichnet werden sollte, zum Durchbruch zu verhelfen. 1918 wurde die erste begriffs-geschichtliche Studie zum Kapitalismus (Richard Passow, *Kapitalismus. Eine begrifflich-terminologische Studie*, Jena 1918) publiziert. *Das tonangebende Handwörterbuch der Staatswissenschaften* enthielt ab der 4. Auflage (1923) einen längen Artikel zum Stichwort *Kapitalismus*. Damit hatte sich der Begriff durchgesetzt, obwohl der Autor des Artikels, Ludwig Pohle, noch sein Bedenken äußerte, ob ein derart politisch geladener Begriff überhaupt in ein wissenschaftliches Werk gehöre.

Rosa Luxemburg

Rosa Luxemburg – neun Antworten

1. Was ist eigentlich Kapitalismus?

»Zweck und treibendes Motiv der kapitalistischen Produktion ist nicht Mehrwert schlechthin, in beliebiger Menge, in einmaliger Aneignung, sondern Mehrwert schrankenlos, in unaufhörlichem Wachstum, in einer immer größeren Menge.«
Rosa Luxemburg, Akkumulation des Kapitals, GW Bd. 5, S.16

»Die kapitalistische Produktionsweise hat das Eigentümliche, daß für sie die menschliche Konsumtion, die jeder früheren Wirtschaftsform Zweck war, nur ein Mittel ist, das dem eigentlichen Zweck dient: der Anhäufung von kapitalistischem Profit. Das Selbstwachstum des Kapitals erscheint als Anfang und Ende, als Selbstzweck und Sinn der ganzen Produktion.«
Rosa Luxemburg, Einführung in die Nationalökonomie, GW, Bd. 5, S. 775

2. Wann hat der Kapitalismus eigentlich angefangen – und wo?

»Als ob die kapitalistische Entwicklung umgekehrt geschichtlich möglich wäre, wenn das Kapital von Anfang an lediglich auf die von ihm selbst hergestellten Produktions- und Konsumtionsmittel angewiesen wäre!«
Rosa Luxemburg, Antikritik [= Die Akkumulation des Kapitals oder Was die Epigonen aus der Marxschen Theorie gemacht haben. Eine Antikritik], GW Bd 5, S. 476.

3. Der Profit und seine Vermehrung: woher – und wieviel?

»Der natürliche Trieb des Kapitalisten zur Vergrößerung des den Arbeitern abgepreßten Mehrwerts findet vor allem zwei einfache Wege, die sich sozusagen von selbst bieten, wenn wir die Zusammensetzung des Arbeitstages betrachten. […]: entweder den ganzen Arbeitstag verlängern oder den ersten, bezahlten Teil des Arbeitstages verkürzen, das heißt den Lohn des Arbeiters herabdrücken.«
Rosa Luxemburg, Einführung in die Nationalökonomie, GW Bd. 5, S. 742.

4. Rosa Luxemburg: Was war ihre Idee vom Kapitalismus? Und was bleibt?

»Damit die Akkumulation tatsächlich vollzogen wird, ist also unbedingt erforderlich, daß die von dem neuen Kapital erzeugte zuschüssige Warenmenge auf dem Markt einen Platz für sich erobert, um realisiert werden zu können.«
Rosa Luxemburg, Die Akkumulation des Kapitals, GW Bd. 5, S. 22

»Es hat keinen ersichtlichen Zweck zu fragen: Wo kommt das Geld her, um den Mehrwert zu realisieren? Sondern die Frage muß lauten: Wo kommt die Nachfrage her, wo ist das zahlungsfähige Bedürfnis für den Mehrwert?«
Rosa Luxemburg, Die Akkumulation des Kapitals, GW Bd. 5, S. 132.

»Die Kapitalakkumulation als geschichtlicher Prozeß arbeitet sich vom ersten bis zum letzten Tage mitten in einem Milieu vorkapitalistischer Formationen vorwärts, im stetigen politischen Kampfe und in unaufhörlichen politischen Wechselwirkungen mit ihnen.«
Rosa Luxemburg, Antikritik, GW Bd. 5, S. 432

5. Geopolitik und Geoökonomie: Ist »Raum« das neue Schlüsselwort für den neuen Kapitalismus?

»Die Sache wird ganz klar, wenn wir uns für einen Augenblick vorstellen, die Entwicklung des Kapitalismus sei so weit vorgeschritten, daß auf der ganzen Erdkugel alles, was von Menschen produziert wird, nur kapitalistisch, das heißt nur von kapitalistischen Privatunternehmern in Großbetrieben mit modernen Lohnarbeitern, produziert wird. Alsdann tritt die Unmöglichkeit des Kapitalismus deutlich zutage.«
Rosa Luxemburg, Einführung in die Nationalökonomie, GW Bd. 5, S. 778.

»Die imperialistische Phase der Kapitalakkumulation oder die Phase der Weltkonkurrenz des Kapitals umfaßt die Industrialisierung und kapitalistische Emanzipation der früheren Hinterländer des Kapitals, in denen es die Realisierung seines Mehrwerts vollzog. Die spezifischen Operationsmethoden dieser Phase sind: auswärtige Anleihen, Eisenbahnbauten, Revolutionen und Kriege.«
Rosa Luxemburg, Die Akkumulation des Kapitals, GW Bd. 5, S. 365.

6. Gibt es einen »neuen« Imperialismus?

»Das Zeichen, unter dem sich diese ganze Entwicklung auf wirtschaftlichem und politischem Gebiet vollzogen hat ... heißt Imperialismus. Kein neues Element, keine unerwartete Wendung ist es in der allgemeinen historischen Bahn der kapitalistischen Gesellschaft. Rüstungen und Kriege, internationale Gegensätze und Kolonialpolitik begleiten die Kapitalsgeschichte von ihrer Wiege an. Es ist die äußerste Steigerung dieser Elemente, ein Zusammenrücken, ein gigantisches Auftürmen dieser Gegensätze, was eine neue Epoche im Werdegang der heutigen Gesellschaft ergeben hat. In dialektischer Wechselwirkung, zugleich Folge und Ursache der gewaltigen Kapitalakkumulation und der mit ihr gegebenen Verschärfung und Zuspitzung des Gegensatzes im Innern zwischen dem Kapital und der Arbeit, auswärts zwischen den kapitalistischen Staaten, hat der Imperialismus die Schlußphase, die gewaltsame Weltaufteilung durch das stürmende Kapital eröffnet.«
Rosa Luxemburg, Der Maigedanke auf dem Vormarsch, GW, Bd. 3, S. 193

»Der Imperialismus ist der politische Ausdruck des Prozesses der Kapitalakkumulation in ihrem Konkurrenzkampf um die Reste des noch nicht mit Beschlag belegten nichtkapitalistischen Weltmilieus.«
Rosa Luxemburg, Die Akkumulation des Kapitals, GW Bd. 5, S. 391.

»Hier herrschen als Methoden Kolonialpolitik, internationales Anleihesystem, Politik der Interessensphären, Kriege. Hier treten ganz unverhüllt und offen Gewalt, Betrug, Bedrückung, Plünderung zutage, und es kostet Mühe, unter diesem Wust der politischen Gewaltakte und Kraftproben die strengen Gesetze des ökonomischen Prozesses aufzufinden.«
Rosa Luxemburg, Die Akkumulation des Kapitals, GW Bd. 5, S. 397 f.

7. Was ist der »neoliberale« Kapitalismus?

»Der Kapitalismus kommt zur Welt und entwickelt sich historisch in einem nichtkapitalistischen sozialen Milieu. In den westeuropäischen Ländern umgibt ihn zuerst das feudale Milieu, aus dessen Schoß er hervorgeht … Außerdem umgibt den europäischen Kapitalismus ein gewaltiges Terrain außereuropäischer Kulturen, welches die ganze Skala von Entwicklungsstufen von den primitivsten kommunistischen Horden wandernder Jäger und Sammler bis zur bäuerlichen und handwerksmäßigen Warenproduktion darbietet. Mitten in diesem Milieu arbeitet sich der Prozeß der Kapitalakkumulation vorwärts.«
Rosa Luxemburg, Akkumulation des Kapitals, GW Bd. 5, S. 316

»Sowenig wie die Kapitalakkumulation in ihrer sprunghaften Ausdehnungsfähigkeit auf den natürlichen Zuwachs der Arbeiterbevölkerung zu warten und mit ihm auszukommen vermag, sowenig wird sie auch die natürliche langsame Zersetzung der nichtkapitalistischen Formen und ihren Übergang zur Warenwirtschaft abwarten und sich mit ihm begnügen. Das Kapital kennt keine andere Lösung der Frage als Gewalt, die eine ständige Methode der Kapitalakkumulation als geschichtlicher Prozeß ist, nicht bloß bei der Genesis, sondern bis auf den heutigen Tag.«
Rosa Luxemburg, Akkumulation des Kapitals, GW Bd. 5, S. 319

8. Wer wird Milliardär? Und wer Maulwurf?

»Nun, Parteigenossen, heute erleben wir den Moment, wo wir sagen können: Wir sind wieder bei Marx, unter seinem Banner. Wenn wir heute in unserem Programm erklären: Die unmittelbare Aufgabe des Proletariats ist keine andere als – in wenigen Worten zusammengefaßt – den Sozialismus zur Wahrheit und Tat zu machen und den Kapitalismus mit Stumpf und Stiel auszurotten, so stellen wir uns auf den Boden, auf dem Marx und Engels 1848 standen und von dem sie prinzipiell nie abgewichen waren. (...) Ihr seht ja an den Vertretern dieses Marxismus, wohin er heutzutage geraten, als Neben- und Beigeordneter der Ebert, David und Konsorten. Dort sehen wir die offiziellen Vertreter der Lehre, die man uns jahrzehntelang als den wahren, unverfälschten Marxismus ausgegeben hat. Nein, Marxismus führte nicht dorthin, zusammen mit den Scheidemännern konterrevolutionäre
Politik zu machen. Wahrer Marxismus kämpft auch gegen jene, die ihn zu verfälschen suchten, er wühlte wie ein Maulwurf in den Grundfesten der kapitalistischen Gesellschaft, und er hat dazu geführt, daß heute der beste Teil des deutschen Proletariats unter unserer Fahne, unter der Sturmfahne der Revolution marschiert und wir auch drüben, wo die Konterrevolution noch zu herrschen scheint, unsere Anhänger und künftigen Mitkämpfer besitzen.«

Rede von Rosa Luxemburg zum Aktionsprogramm auf dem Gründungsparteitag der KPD am Dienstag, den 31. Dezember 1918 in der Nachmittagssitzung, in: Protokoll des Gründungsparteitages der Kommunistischen Partei Deutschlands 1918, Berlin 1972, S. 202

9. Und das Ende der Geschichte: Wann endlich kommt es zum großen Kladderadatsch und ist der Kapitalismus zu Ende?

»Es ist klar, daß, wenn man die schrankenlose Akkumulation des Kapitals annimmt, man auch die schrankenlose Lebensfähigkeit des Kapitals bewiesen hat.«
Rosa Luxemburg, Die Akkumulation des Kapitals, GW Bd. 5, S. 276 f.

»In dem Moment, wo das Marxsche Schema der erweiterten Produktion der Wirklichkeit entspricht, zeigt es den Ausgang, die historische Schranke der Akkumulationsbewegung an, also das Ende der kapitalistischen Produktion.«
Rosa Luxemburg, Die Akkumulation des Kapitals, GW Bd. 5, S. 364.

»Je gewalttätiger das Kapital vermittels des Militarismus draußen in der Welt wie bei sich daheim mit der Existenz nichtkapitalistischer Schichten aufräumt und die Existenzbedingungen aller arbeitenden Schichten herabdrückt, um so mehr verwandelt sich die Tagesgeschichte der kapitalistischen Akkumulation auf der Weltbühne in eine fortlaufende Kette politischer und sozialer Katastrophen und Konvulsionen, die zusammen mit den periodischen wirtschaftlichen Katastrophen in Gestalt der Krisen die Forsetzung der Akkumulation zur Unmöglichkeit, die Rebellion der internationalen Arbeiterklasse gegen die Kapitalherrschaft zur Notwendigkeit machen werden …«
Rosa Luxemburg, Die Akkumulation des Kapitals, GW Bd. 5, S. 410 f.

Literatur

Einführungen/Beiträge/Klassische Texte

Elmar Altvater, e.a.: Kapital.Doc. Das Kapital (Band I) von Marx in Schaubildern und Kommentaren, Münster 1999.

James Fulcher: Capitalism. A Very Short Introduction, Oxford 2004.

Rudolf Hilferding: Das Finanzkapital. Eine Studie über die jüngste Entwicklung des Kapitalismus, Frankfurt/Main 1968.

Rosa Luxemburg: Die Akkumulation des Kapitals. Ein Beitrag zur ökonomischen Erklärung des Imperialismus. In: Rosa Luxemburg: Gesammelte Werke, Band 5: Ökonomische Schriften, S. 7-411.

Rosa Luxemburg: Die Akkumulation des Kapitals oder Was die Epigonen aus der Marxschen Theorie gemacht haben. Eine Antikritik. In: Rosa Luxemburg: Gesammelte Werke, Band 5: Ökonomische Schriften, S. 413-523.

Rosa Luxemburg: Einführung in die Nationalökonomie. In: Rosa Luxemburg: Gesammelte Werke, Band 5: Ökonomische Schriften.

Karl Marx: Das Kapital. Kritik der Politischen Ökonomie. Erster Band. Buch I: Der Produktionsprozeß des Kapitals. MEW, Band 23.

Karl Marx: Das Kapital. Kritik der Politischen Ökonomie. Zweiter Band. Buch II: Der Zirkulationsprozeß des Kapitals. MEW, Band 24.

Karl Marx: Das Kapital. Kritik der Politischen Ökonomie. Dritter Band. Buch III: Der Gesamtprozeß der kapitalistischen Produktion. Herausgegeben von Friedrich Engels. MEW, Band 25.

Karl Hermann Tjaden: Gesellschaftsformation, kapitalistische. I. Kapitalistische Gesellschaftsformation in historisch-materialistischer Sicht. In: Europäische Enzyklopädie zu Philosophie und Wissenschaften. Herausgegeben von Hans Jörg Sandkühler in Zusammenarbeit mit dem Istituto Italiano per gli Studi Filosofici Napoli und mit Arnim Regenbogen und Chup Friemert, Werner Goldschmidt, Lars Lambrecht, Thomas Mies, Detlev Pätzold, Heinz Wagner. Band 2 F-K. Hamburg 1990, S. 364-388.

Geschichte des Kapitalismus

Michel Beaud: A History of Capitalism, 1500-1980, New York – London 2001.

Maurice Dobb: Entwicklung des Kapitalismus, Berlin 1972.

Georg Fülberth: G Strich. Kleine Geschichte des Kapitalismus. 3. Aufl., Köln 2005.

Robert L Heilbroner, Kapitalismus im 21. Jahrhundert, München 2001.

Marie-Elisabeth Hilger: Kapital, Kapitalist, Kapitalismus, Stichwort in: Otto Brunner u.a. (Hg.): Geschichtliche Grundbegriffe. Historisches Lexikon zur politisch-sozialen Sprache in Deutschland, Stuttgart 1982 S. 399-454.

David Harvey: Brief History of Neoliberalism, New York 2005.

Eric Hobsbawn: Das Zeitalter der Extreme, München 1998.

Karl Polanyi: The Great Transformation. Politische und ökonomische Ursprünge von Gesellschaften und Wirtschaftssystemen. 2. Aufl. Frankfurt/Main 1978.

Immanuel Wallerstein: Das moderne Weltsystem, Bd. 1 - 3, Wien 2004.

Willke, Gerhard: Kapitalismus. Campus Verlag Frankfurt/New York 2006.

Aktuelle Texte

Elmar Altvater: Das Ende des Kapitalismus wie wir ihn kennen. Eine radikale Kapitalismuskritik, Münster 2005.

Rolf Czescleba-Dupont: Historisch-geographische Bedingungen und Voraussetzungen der US-Hegemonie. In: Urte Sperling und Margarete Tjaden-Steinhauer (Hrsg.): Gesellschaft von Tikal bis irgendwo. Europäische Gewaltherrschaft, gesellschaftliche Umbrüche, Ungleichheitsgesellschaften neben der Spur, Kassel 2004, S. 216-236.

Burkart Lutz: Der kurze Traum immerwährender Prosperität. Eine Neuinterpretation der industriell-kapitalistischen Entwicklung im Europa des 20. Jahrhunderts. Frankfurt/Main und New York 1984.

Jan Priewe: Thesen für ein neues Sozialismusverständnis. In: Streitschrift zur Erneuerung der Politik. (Redaktion: Michael Rittmeier), Hamburg 1989. S. 5-9.

Michael Scharang: Kult ums Kapital. In: diepresse.com v.2.12.2006.

Richard Sennett: Der flexible Mensch. Die Kultur des neuen Kapitalismus, Berlin 2006.

Literarische und kulturelle Texte und anderes

Honoré de Balzac: Comédie Humaine, 13 Bde. Paris 1959 ff.

Bernhard von Brentano: Kapitalismus und schöne Literatur, Berlin 1930.

Peter Hacks: Der Geldgott. Komödie in drei Akten. Nach Aristophanes, München 1991.

Siegbert S. Prawer: Karl Marx und die Weltliteratur, München 1988.

Tom Wolfe: The Bonfire of the Vanities (dt. Fegefeuer der Eitelkeiten), New York 1987.

Émile Zola: Das Geld, München 1977.

David Fincher (Regie): Fight Club (DVD), USA 1999.

Stephen Gaghan (Regie): Syriana (DVD), USA 2005.

Sam Mendes (Regie): American Beauty (DVD), USA 1999.

Oliver Stone (Regie): Wall Street, (DVD), USA 1987.